Friedrich Julius Neumann

Naturgesetz und Wirtschaftsgesetz

Friedrich Julius Neumann

Naturgesetz und Wirtschaftsgesetz

ISBN/EAN: 9783743463769

Hergestellt in Europa, USA, Kanada, Australien, Japan

Cover: Foto ©berggeist007 / pixelio.de

Manufactured and distributed by brebook publishing software (www.brebook.com)

Friedrich Julius Neumann

Naturgesetz und Wirtschaftsgesetz

VON

FR. J. NEUMANN

TÜBINGEN
1892

Separatabzug
aus der »Zeitschrift für die gesamte Staatswissenschaft« 1892. Heft 3.

FR. J. NEUMANN

TÜBINGEN
1892

Separatabzug
aus der »Zeitschrift für die gesamte Staatswissenschaft« 1892. Heft

DRUCK VON H. LAUPP JR IN TÜBINGEN.

I. ABHANDLUNGEN.

NATURGESETZ UND WIRTSCHAFTSGESETZ.
VON
FR. J. NEUMANN.

I. Naturgesetze. 1. Empirische und kausale Gesetze. 2. Elementare und abgeleitete Gesetze. 3. Exakte und nicht exakte kausale Gesetze. 4. Rekapitulation.
II. Wirtschaftliche Gesetze. 1. Preisgesetze. 2. Andere Gesetze.
III. Gegensätzliches und Analoges. 1. Unmöglichkeit exakter wirtschaftlicher Gesetze. 2. Berechtigung der historischen Methode. 3. Gegensatz zwischen wirtschaftlichen Gesetzen und sozialen. 4. Rückblick. 5. Anhang.

Das Folgende ist hervorgegangen aus Untersuchungen über das »eherne Lohngesetz«.

Wie der Verfasser an anderem Orte zur Geschichte der hierauf bezüglichen Lehren Einiges beizutragen versucht, so hier zur Frage nach ihrer Berechtigung.

Dass dabei zu weit von ihm ausgeholt worden sei, werden viele annehmen, indessen vielleicht nur wenige unter jenen, auf deren Urteil er Wert zu legen Anlass hat.

I. Naturgesetze.

Gesetz im weitesten Sinne ist nach einem oft zitierten Wort von *Helmholtz*, das auch hier zu Grunde gelegt werden soll, der allgemeine Begriff oder die Einheit, unter den sich wechselnde Erscheinungen zusammenfassen lassen [1]. Was hierunter zu verstehen sein möchte, zeigt am besten ein Beispiel.

---
[1] Die Worte von *Helmholtz* lauten; »Das Gesetz der Erscheinungen finden, heisst sie begreifen. In der That ist Gesetz der allgemeine Begriff, unter den sich eine Reihe gleichartig ablaufender Naturvorgänge zusammenfassen lassen«.... »Wissenschaft entsteht erst, wenn sich ihr Gesetz und Ursachen enthüllen. Die logische Verarbeitung des gegebenen Stoffs besteht zunächst

Dass 2 mal 2 = 4 ist, und die Winkel eines jeden Dreiecks zusammen zwei Rechte ausmachen, sind uns S ä t z e, weil uns bei Aussprüchen dieser Art weniger eine i m W e c h s e l der Erscheinungen sich geltend machende Einheit als gewisse aus einheitlichen Umständen und einheitlichem Denkprozess sich ergebende gleiche Vorstellungen als solche entgegentreten. Dass sich aber alle Körper, von wie v e r s c h i e d e n e r Gestalt, Substanz, Temperatur u. s. w. sie sein mögen, mit einer Kraft anziehen, die dem Quadrate ihres Abstandes umgekehrt proportional ist, bezeichnen wir als ein G e s e t z, weil wir hiebei m e h r jenes W a n d e l s der Dinge gedenken, in dem sich einheitliche Gestaltungen geltend machen. Und je nachdem nun das Eine oder das Andere mehr ins Auge gefasst wird, kann es im einzelnen Falle sogar zweifelhaft sein, welcher Ausdruck der mehr berechtigte ist, wie man ja thatsächlich z. B. von dem Satze des Hebels spricht, aber auch vom Hebelgesetz, von dem Gesetz des Parallelogramms der Kräfte, aber auch von einem Satze dieser Art u. s. w. [1]).

---

darin, dass wir das Aehnliche zusammenschliessen und einen a l l g e m e i n e n B e-
g r i f f ausbilden, den es umfasst. E i n s o l c h e r B e g r i f f, wie sein Name andeutet, begreift in sich eine M e n g e v o n E i n z e l n h e i t e n, und vertritt sie in unserem Denken. Wir nennen ihn Gestaltungsbegriff, wenn er eine Menge existierender Dinge, w i r n e n n e n i h n G e s e t z, wenn e r e i n e R e i h e v o n V o r-
g ä n g e n o d e r E r e i g n i s s e n u m f a s s t.« (Vgl. p. 125 und 341 in Vorträge und Reden I 1884.) In der englischen Litteratur wird mit Vorliebe auf *Herschel* Bezug genommen (Natural Philosophy, insbesondere pag. 123 ff., 163 ff.). Aehnlich wie bei *Helmholtz* heisst es übrigens auch bei *J. R. Mill* (Logik, Band I übers. von *Schiel* 1877 p. 393): »In der Sprache der Wissenschaft wird dieses Wort (Naturgesetz) im engeren Sinne gebraucht um damit die auf ihren e i n f a c h s t e n A u s d r u c k z u-
r ü c k g e f ü h r t e n G l e i c h f ö r m i g k e i t e n z u b e z e i c h n e n.« Aus der neueren naturwissenschaftlichen Litteratur vgl. z. B. *F. Braun* (Gesetz, Theorie und Hypothese in der Physik, 1886. p. 5): »Wir verstehen unter Naturgesetz den z u s a m-
m e n f a s s e n d e n A u s d r u c k für eine grössere Anzahl von Thatsachen.«

1) Manche beziehen den Ausdruck Gesetz freilich vorzugsweise oder allein auf K a u s a l g e s e t z e, und ihnen sind S ä t z e : empirische Gesetze. »Von den K a u-
s a l g e s e t z e n«, so heisst es z. B. in *Sigwart*'s Logik, Bd. II. § 96 (1878), »sind diejenigen häufig ebenfalls als »Gesetze« bezeichneten S ä t z e zu unterscheiden, welche entweder nur b e s c h r e i b e n d die Formel eines . . . . thatsächlichen G e-
s c h e h e n s aufstellen oder die f a k t i s c h . . . bestehenden regelmässigen Zusammenhänge darstellen. Zum Unterschied von Kausalgesetzen pflegen sie b l o s s e m-
p i r i s c h e G e s e t z e genannt zu werden.« Eine andere speziell motivierte Auffassung vgl. z. B. bei *Braun* a. a. O.: Gesetze der Lichtbrechung in speziellen Apparaten wie in Linsen, Prismen sind »deduzierte theoretische Gesetze«, die man, so meint *Braun* (p. 10) »ebensogut oder besser noch S ä t z e nennen könnte, da sie am besten

Vollständig genügen kann jene sehr weite Auffassung von Gesetz freilich nicht. Vielmehr ist innerhalb des so gegebenen Rahmens zu unterscheiden. Indessen gerade darüber ist Streit, wie dies zu geschehen habe. Und nur Eines steht fest, dass nämlich Gesetze der Koëxistenz und Gesetze der Succession zu scheiden sind, von denen die letzteren hienach etwa als Ausdruck für eine im Wandel von Vorgängen wiederkehrende Einheit oder kürzer gesagt: als Ausdruck für eine gleichmässige Wiederkehr von Vorgängen zu charakterisieren sind, während die Gesetze der Koëxistenz sich natürlich auf in gleichzeitigen Erscheinungen zu Tage tretende Gestaltungen beziehen.

Hier interessieren allein oder doch vorzugsweise jene Gesetze der Succession, die indessen wieder verschiedenen Charakters sein können und insofern nicht ganz leicht zu gliedern sind, als in den Naturwissenschaften selber die Ansichten hierüber weit aus einander gehen, und mit einem und demselben Ausdruck nicht selten Verschiedenes bezeichnet wird.

1. Empirische und kausale Gesetze.

Vielfach teilt man jene Successionsgesetze nämlich in empirische und nicht empirische. Während aber die einen zu den ersteren jene rechnen, die auf empirischem Wege: durch Experiment, Erfahrung u. s. w. gewonnen sind, (im Gegensatz z. B. zu den durch rechnerische Operationen gefundenen) [1]), beziehen andere denselben Ausdruck statt auf die Mittel der Erkenntnis, auf das Wesen des Erkannten und stellen hienach den empirischen Gesetzen oder Regeln als sogenannte eigentliche Gesetze die kausalen gegenüber.

den mathematischen Lehrsätzen z. B. der Euklidischen Geometrie zu vergleichen sind.«

1) In diesem Sinne unterscheidet z. B. *Braun:* Vielfach sei die Ansicht verbreitet, als ob die Aufgabe des Forschens wesentlich die folgende sei: Er beobachtet Erscheinungen, er verfolgt sie, versucht sie durch empirische Gesetze darzustellen, und es gipfelt seine Thätigkeit darin, sie sämtlich aus einem Differentialgesetz abzuleiten. Indessen müsse man verschiedene Arten der Forschung unterscheiden. »Die Lehre von den optischen Instrumenten z. B. ist auf die Grundlage der Rechnung zurückgeführt; diese führt in viel sicherer und meist bequemerer Weise zum Ziele als der Versuch.« Jene Gesetze der Lichtbrechung in speziellen Apparaten Linsen, Prismen u. s. w. seien in diesem Sinne »deduzierte« Gesetze, nicht empirische. Wieder anders *Menger* (Methode d. Sozialwissensch. p. 25 u. 39), wonach empirische Gesetze die nicht ausnahmslos geltenden wären.

Hier soll nur die letztere Scheidung Beachtung finden, und zwar in folgender Auffassung:

Kausale Gesetze der Succession sind der Ausdruck für eine gleichmässige Wiederkehr solcher Vorgänge, die als Glieder u r s ä c h l i c h e r Z u s a m m e n h ä n g e erkannt worden sind, dagegen empirische jene, die nur t h a t s ä c h l i c h obwaltende Zusammenhänge zum Ausdruck bringen.

Gesetze letzterer Art oder R e g e l n sind also z. B. alle jene p h y s i o l o g i s c h e n , denen gegenüber (wie unten noch zu berühren ist) »der mühsame Aufbau von Ursache und Wirkung« bisher nicht gelang. Empirische Gesetze in demselben Sinne w a r e n aber auch z. B. die Gesetze *Kepler*'s, nach denen die Planeten sich in Ellypsen bewegen und diese Bahnen in gleichem Wechsel ihrer Schnelligkeit durcheilen, während ein k a u s a l e s Gesetz z. B. jenes der G r a v i t a t i o n ist, aus dem es *Newton* gelang die *Kepler*'schen abzuleiten.

Eben diese k a u s a l e n Gesetze nun sind es, die man vorzugsweise im Auge hat, wo innerhalb oder ausserhalb des Gebiets der Naturwissenschaft von N a t u r g e s e t z e n die Rede ist[1]). Und insbesondere sie sollen auch hier ins Auge gefasst werden.

Zu ihren Eigentümlichkeiten zählt man in erster Linie ihre S t r e n g e.

»Gegenüber der Natur — so lesen wir bei *Helmholtz*[2]) — besteht kein Zweifel, dass wir es mit einem ganz strengen Kausalnexus zu thun haben, der keine Ausnahmen zulässt. Wenn wir uns vergewissern können, dass die Bedingungen eingetreten sind, unter denen ein Gesetz zu wirken hat, so müssen wir auch den

---

1) So fasst auch *Helmholtz* den Ausdruck Gesetz bald im oben berührten weiteren Sinne, bald nur als Kausalgesetz auf, letzteres z. B. p. 360 a. a. O.: »Wir sahen am Anfang, dass das was unsere Wissenschaft zu erstreben hat, die Kenntnis der G e s e t z e sei, d. h. die Kenntnis, wie zu verschiedenen Zeiten auf gleiche Vorbedingungen gleiche F o l g e n eintreten.« — Und ähnlicher Beschränkung begegnen wir namentlich in neueren philosophischen Ausführungen, z. B. bei *Sigwart* a. a. O., desgl. früher bei *Mill* I p. 394 und bei *Rümelin*, dem Gesetz nur der Ausdruck für die konstante Wirkungsweise von Kräften ist (Begriff des sozialen Gesetzes 1867, in Reden und Aufsätze 1875 p. 3 ff.). Vgl. unten.

2) Diese Worte repräsentieren ein wohl erst allmählich entstandenes Axiom, welches aber seit Jahrhunderten den Gedanken der Astronomen, Physiker, Chemiker etc. bewusst oder unbewusst zu Grunde liegt, und welches fallen zu lassen man hoffentlich niemals Veranlassung haben wird. (*Carl Neumann.*)

Erfolg eintreten sehen, ohne Willkür, ohne Wahl, ohne unser Dazuthun, mit einer die Dinge der Aussenwelt ebenso wie unser Wahrnehmen zwingende Notwendigkeit.«

Indessen mit dieser Ausnahmslosigkeit oder S t r e n g e hat man vielfach ein Zweites in Verbindung gebracht.

Man glaubt nemlich für die Gesamtheit jener kausalen oder eigentlichen Gesetze auch die Möglichkeit genauen n u m e r i s c h e n Ausdrucks in Anspruch nehmen zu können, bezeichnet sie in diesem Sinne wohl allgemein als e x a k t e und bringt beides, jene Strenge und diese Exaktheit damit in Zusammenhang, dass jene Gesetze auf gewisse »elementare Kräfte« zurückzuführen seien, deren rätselhaftes Wesen sich menschlicher Erfassung bisher entzogen habe. Doch sind es heute vorzugsweise a u s s e r h a l b des Forschungsgebiets der Naturwissenschaften stehende, die solche Anschauung vertreten. Und auch in diesen Kreisen zeigt sich in neuerer Zeit mancher Wandel.

Als Gesetz — so hiess es z. B. noch in *Rümelin*'s mit Recht viel gerühmtem e r s t e m Aufsatz über den Begriff eines sozialen Gesetzes von 1867 — sei nicht jede »konstante Verbindung von Ursache und Wirkung« anzusehen. Denn man bezeichne es doch nicht als Gesetz, dass das Wasser erstarre, sobald es einen gewissen Kältegrad überschritten, oder dass die Flamme erlösche, die man mit Wasser übergiesse. Gesetz sei m e h r: es sei der Ausdruck für die konstante Wirkungsweise von K r ä f t e n — jenem »Schlussstein sinnlicher Weltbetrachtung, dem ebenso r ä t s e l h a f t e n als unentbehrlichen Grenzbegriff von Physik und Metaphysik«. Aber im Grunde könne auch das noch nicht genügen. Nur wo man dahin gelangt sei, jene Wirkung auch i n Z a h l e n a u s z u d r ü c k e n, hätte man ein wirkliches Gesetz vor sich. Denn wenn man z. B. höre: die Erwärmung eines Körpers verursache eine Vermehrung, die Erkältung desselben eine Verminderung seines Volumens, so fühle man zwar, dass der richtige Boden bereits betreten sei, insofern jetzt nicht mehr von konkreten Naturerzeugnissen, von Wasser und Feuer, von Steinen, Pflanzen, Tieren die Rede ist, sondern von K r ä f t e n. Aber der Physiker würde mit Recht einwenden, für die Ausdehnung durch Wärme f e h l e gerade noch das Gesetz. Wohl werden die Körper fast unter allen Umständen durch Wärme ausgedehnt, aber es lasse sich von keiner Art von Körpern zum Voraus sagen, wie ein bestimmter G r a d von Erwärmung auf ihr Volumen wirken werde. Und erst wenn man sagen könnte: ein bestimmtes Quantum zugeführter Wärme habe bei einem bestimmten Grad von Dichtigkeit oder Kohäsion der Teile etc. eine Ausdehnung des Volumens u m s o oder so viel P r o z e n t zur Folge, habe man wirklich ein Gesetz vor sich, wenn es auch aus Gründen der Zweckmässigkeit üblich geworden sei, von Gesetzen da zu reden, wo nur das D a s s und nicht das W i e der Wirkung zu erkennen sei.

Indessen in der z w e i t e n seiner ausgezeichneten Untersuchungen über soziale und geschichtliche Gesetze hat *Rümelin* diese Ansichten nicht vollständig aufrecht erhalten, vielmehr manches geändert, manches aufgegeben¹). Und für die Gegenwart können sie schon deshalb nicht vollständig genügen, weil »Kräfte« heute nicht allein als U r s a c h e von Gesetzen, sondern selber als Gesetze gelten, und weil namentlich in vielen, ja sogar in der Art exakten Naturwissenschaften, wie der Physik und Chemie, zwischen differentialen (idealen) und integralen oder wirklichen Gesetzen unterschieden wird, und von beiden nur die ersteren exakt erscheinen.

Um hierin klarer zu sehen ist es geboten, auf einige allgemeinere Unterscheidungen zurückzugehen und in ihnen einen Anhalt für die Bestimmung der Grenze zwischen exakten und nicht exakten Gesetzen zu suchen.

2. E l e m e n t a r e u n d a b g e l e i t e t e k a u s a l e G e s e t z e.

Alle kausalen Gesetze sind, wie berührt, der Ausdruck für eine gleichmässige Wiederkehr von ursächlich verknüpften Vorgängen.

Aber nach der A r t dieser Verknüpfung sind offenbar zwei Fälle möglich.

Entweder nämlich sind die in Betracht kommenden Erscheinungen wie z. B. jene des Falls oder der Planetenbewegung die F o l g e oder aber wie z. B. jene der Anziehung und der Trägheit die U r s a c h e anderer Erscheinungen, während ihre eigene

---

1) Vgl. »Ueber Gesetze der Geschichte« (1878) in Reden und Aufsätze. Neue Folge 1881 S. 118 ff. Auch da wird freilich noch festgehalten, nicht nur dass »Gesetz« sich allgemein definieren lasse als die konstante Grundform für die Wirkungsweise von Kräften, sondern auch z. B. dass man von einem »echten physikalischen Gesetz« fordere, dass es nicht nur im allgemeinen einen Zusammenhang, eine kausale Beziehung zwischen zwei Arten von Vorgängen behaupte, sondern zugleich ein festes M a s s v e r h ä l t n i s, eine q u a n t i t a t i v e Begrenzung angebe, in welcher sich jene kausale Beziehung verwirklicht«, wodurch die Wirkung zum »Gegenstande der Berechnung« werde u. s. f. Aehnlich *Cairnes*, Character and Logical Method of Political Economy, erste Aufl. von 1869, pag. 78 ff. (vgl. hier Seite 437).

Ursache unbekannt ist. Im ersteren Fall haben wir abgeleitete, im andern elementare, d. h. eben nicht abgeleitete, oder (was dasselbe ist), nach jetzigem Stande der Wissenschaft nicht ableitbare Gesetze vor uns.

Es ist das sogar eine Unterscheidung von weit greifender Bedeutung. Denn kann irgend etwas heute ganz allgemein als Aufgabe der Naturwissenschaften bezeichnet werden, so ist dies die Zurückführung der einzelnen Naturvorgänge auf möglichst wenige nicht zu analysierende[1]. Und eben mit diesen nicht zu analysierenden, sog. »einfachsten« oder »Elementarmechanismen« haben es jene primären oder Elementargesetze zu thun, deren Zahl sich verringert, je mehr es fortschreitender Wissenschaft gelingt, bisher für elementar gehaltene Gesetze wie z. B. manche der Dioptrik oder der Elektrizität auf Gesetze allgemeineren Charakters wie jene der Mechanik zurückzuführen[2]). Schon in der Physik der Alten, sagt *P. du Bois-Reymond*, und namentlich nach den grossen Erfolgen induktiver Wissenschaft der Neuzeit hat das Streben Platz gegriffen, »die Mannigfaltigkeit wenigstens einzelner Gebiete der Naturerscheinungen durch Kombinationen von möglichst einfachen und gleichartigen Mechanismen zu erklären.« Einerseits durch Zergliederung, andererseits durch Vereinigung von Gleichartigem will man die Erscheinungen »auf möglichst wenige Grundformen« zurückführen, und das Gemeinsame dieser findet eben in jenen Naturgesetzen seinen Ausdruck, deren

---

1) Statt wie üblich anzunehmen, der Physiker habe die Aufgabe, die Erscheinungen, welche wir in der Natur wahrnehmen, zu erklären, sei es, so führt *Carl Neumann* (dem der Verfasser auch für viele mündlich gegebene Belehrung zu grösstem Dank verpflichtet ist) aus, genauer zu sagen: »er hat die Aufgabe, alle Erscheinungen, die in der Natur vor sich gehen, auf möglichst wenige Grundvorstellungen d. i. auf möglichst wenige unbegreiflich bleibende Dinge zurückzuführen« (*Neumann*: Der gegenwärtige Standpunkt der mathematischen Physik, 1865, p. 19).

2) Vgl. *C. Neumann* a. a. O. p 18, auch *Helmholtz*, Ziel und Fortschritt der Naturwissenschaften a. a. O. p. 333 ff.; z. B. »In diesem Namen (Kräfte) sind Gesetze objektiviert, welche zunächst erst kleinere Reihen von Naturvorgängen umfassen ... bis man von einer Anzahl wohl bekannter speziellerer Gesetze zu allgemeineren fortschreiten konnte«. — — Statt von Elementargesetz spricht man vielfach auch von »Grundgesetz«. Indessen dürfte das weniger zu empfehlen sein, insofern ein und dasselbe Gesetz in einer physikalischen Disziplin Grund-, in anderer abgeleitetes Gesetz ist, z. B. das Refraktionsgesetz Grundgesetz in der Dioptrik, abgeleitetes Gesetz in der von *Huyghens* begründeten Undulationstheorie.

Gebiet die Synthese einzuengen bemüht ist, während empirische Forschungsweise das Feld der beherrschten Erscheinungen zu erweitern strebt [1]).

Trotz dieser Erfolge ist aber die Zahl der »elementar« gebliebenen Gesetze keine kleine.

Es zählen dahin z. B. in der Mechanik fester Körper, ausser den schon berührten der Anziehung und der Trägheit, das des Parallelogramms, in der Hydro- und Aërodynamik neben diesen drei auch die der Inkompressibilität und Elastizität, in der Elektrodynamik das sogleich zu berührende *Ampère*'sche Gesetz, in der Chemie z. B. jenes der »multiplen Proportion«, wonach zwei sich chemisch verbindende Stoffe ihre Vereinigung nur in bestimmten Gewichtsverhältnissen vollziehen u. s. w. u. s. w. [2]). Denn so verschieden alle diese Gesetze untereinander sind, das Eine ist ihnen doch gemein, dass die Art, wie sie wirken, bekannt, ihre Ursache aber unbekannt ist. Was wir beherrschen, sind die aus jenen Gesetzen sich ergebenden Folgen, was wir nicht beherrschen, ihr Ursprung. Und hieran wird auch dadurch selbstverständlich nichts geändert, dass man jene »rätselhaft« gebliebene Quelle, wie schon berührt, wohl als Kräfte bezeichnet hat, aus denen sich das bezügliche Elementargesetz ergebe. Denn im Grunde ist Kraft in solchem Falle nur ein anderer Ausdruck für das bezügliche Gesetz selber. Wie man noch heute wohl von Lichtbrechungskraft statt von Lichtbrechungsgesetzen spricht, oder von Adhäsions- oder Kapillarkraft statt von Adhäsions- oder Kapillargesetz u. s. w., so namentlich in früheren Zeiten gern von Anziehungskraft und *vis inertiae*, statt vom Anziehungsgesetz oder vom Gesetz der Trägheit. Ueberall da, so führte *Helmholtz* schon im Jahre 1869 aus, ist Kraft nichts anderes als das »objektive Gesetz der Wirkung«, und Kräfte aufsuchen nichts anderes als Gesetze suchen [3]).

Eben diese an sich bedeutsamen elementaren Gesetze nun

---

1) Vgl. *C. Neumann*: Der gegenwärtige Stand der mathematischen Physik, 1865, p. 17; *P. Du Bois-Reymond*: Ueber die Grundlage der Erkenntnis in den exakten Wissenschaften, 1890, p. 11 ff.

2) Vgl. auch *Braun* a. a. O.: »Dass der Reflexions- dem Einfallwinkel gleich sei . . . . sind formale, durch Einfachheit ausgezeichnete Gesetze, denen wir deshalb gerne geneigt sind, allgemeine Gültigkeit beizulegen, wenn wir auch von einem mutmasslichen Grund desselben nichts ahnen könnten.« (p. 8.)

3) A. a. O. p. 342. »Der abstrakte Begriff der Kraft, den wir einschieben, fügt nur noch hinzu, dass wir dieses Gesetz nicht willkürlich erfunden haben, dass es ein zwingendes Gesetz der Erscheinungen sei.«

sind es, die hier insofern Beachtung fordern, als es für sie in der That allgemein zutrifft, dass sie g e n a u e n Z a h l e n ausdruck gestatten.

Wie es nach *Newton*'schem Gesetz g e n a u richtig ist, dass sich zwei Körper im direkten Verhältnis ihrer Masse und umgekehrtem Verhältnis der Quadrate ihrer Entfernung anziehen, ebenso nach *Ampère*'schem Gesetz genau, dass die elektrodynamische Kraft zwischen zwei in derselben Linie liegenden Stromelementen proportional ihren Längen, proportional auch ihren Stromstärken und umgekehrt proportional dem Quadrate ihrer Entfernung ist. Nicht minder genau folgt nach dem Gesetze des Parallelogramms z. B. ein von zwei g l e i c h starken Kräften in Bewegung gesetzter Körper der Mittellinie jenes Winkels, welcher sich aus den Richtungslinien beider Kräfte ergiebt u. s. w.

Nur ist hiebei Eines zu beachten, was auch bei Beurteilung wirtschaftlicher Gesetze von Bedeutung ist, dass nämlich Gesetz in jenem Sinn und Wirklichkeit a u s e i n a n d e r gehen. Der Wirklichkeit, wie sie sich direkt der Beobachtung zeigt, können jene Gesetze nicht entsprechen. Denn alles Thatsächliche ergiebt sich regelmässig aus dem Zusammenwirken mehrerer Ursachen, jene Gesetze aber bringen n u r T e n d e n z e n, d. h. eben nur die Wirksamkeit einzelner Ursachen a l s s o l c h e r zum Ausdruck und zeigen sonach als »hypothetische« oder »ideale« Gesetze nur was geschehen w ü r d e, wenn einzelne Ursachen allein in Wirksamkeit wären.

Was aber hienach von den elementaren Gesetzen in ihrer Gesamtheit gilt, das trifft auch bei einem T e i l der nicht elementaren, abgeleiteten zu, bei jenen nämlich, die a u s s c h l i e s s l i c h auf elementare Gesetze zurückzuführen sind, also z. B. bei den Gesetzen des F a l l s und des mathematischen P e n d e l s, die allein aus den Elementargesetzen der Anziehung, der Trägheit und des Parallelogramms zu entwickeln sind [1]), desgleichen bei den h y d r o d y n a m i s c h e n Gesetzen, die auf eben diese und auf das Gesetz der Inkompressibilität begründet sind u. s. w.

---

[1]) Allerdings könnte man auch sagen: Jene Gesetze des Falles und des mathematischen Pendels seien ausschliesslich zurückführbar auf die Gesetze der Erdanziehung, der Trägheit, des Parallelogramms u n d d e r Z e n t r i f u g a l k r a f t. Doch ist diese kompliziertere Ausdrucksweise hier vermieden, weil die Zentrifugalkraft ihrerseits sich zurückführen lässt auf das Gesetz der Trägheit und das des Parallelogramms und an sich zu den s c h w i e r i g e r e n Begriffen der Mechanik gehört, auf die einzugehen hier kein Anlass ist.

Auch nach diesen Fall- und Pendelgesetzen z. B. sind gewisse Vorgänge auf genauen Zahlenausdruck zu bringen. Es ist exakt richtig, dass ein Stein, der in der ersten Sekunde seines Falls die Strecke L zurücklegt, in 2 Sekunden die Strecke 4 L, in drei Sekunden 9 L, in 4 Sekunden 16 L u. s. w. durcheilt; desgleichen ist nach dem Gesetze des mathematischen Pendels genau richtig, dass das 4, 9 oder 16 mal längere Pendel 2, 3, 4 mal langsamer schwingt u. s. w

Aber natürlich ist auch alles das Gesetz nur in jenem Sinne, in dem von Tendenzen gesprochen ist. In Wirklichkeit sind die Bewegungen des Steins wie des Pendels wesentlich andere.

Denken wir uns z. B., sagt *Braun*, einen Stein aus meilenweiter Entfernung auf die Erde fallend, so haben wir Rücksicht zu nehmen auf den Widerstand der Luft, der (weil der Stein in immer dichtere Luftschichten gelangt) von Augenblick zu Augenblick sich steigern wird, desgleichen darauf, dass die den Stein beschleunigende Anziehung der Erde während seiner Bewegung fortwährend zunehmen wird u. s. w. [1]).

Nur wenn wir den Luftwiderstand als Null (den betreffenden Raum also als luftleer), und überdies die von dem Stein durchlaufene Wegstrecke als so klein uns denken, dass z. B. die Erdanziehung in allen Punkten dieser Strecke konstant ist — nur dann wird jenes vorhin angedeutete Gesetz zur unmittelbaren Geltung gelangen. Eben hierauf zielen denn auch die oft nachgesprochenen Worte *Riemann*'s, dass die wahren Naturgesetze nur im unendlich Kleinen anzutreffen sind, dass sie nur dann in voller Reinheit erscheinen, wenn man sich auf unendlich kleine Grössen (unendlich kleine Zeit- und Raum-Elemente) beschränkt, mit einem Wort, dass sie Differentialgesetze sind.

3. **Exakte und nicht exakte kausale Gesetze.**

Neben diesen einfachsten oder »wahren« Gesetzen sind nun aber wie bemerkt auch solche zu beachten, die weniger einfach sind, da sie teils aus Elementargesetzen, teils aus anderen Dingen hervorgehen. Und dieser Gesetze giebt es sogar recht viele.

Es gehören zu ihnen erstens manche den exakten Wissen-

---

1) Auch die sogenannte Zentrifugalkraft kommt in Betracht, die sich während der Bewegung des Steins ebenfalls ändert. Ueber den Gegensatz von Differential- und Integralgesetzen in diesem Sinne vgl. *Du Bois* a. a. O.

schaften angehörige ¹). So ist bekannt, dass die Physik neben den erwähnten »idealen« Gesetzen des mathematischen Pendels auch die des physischen Pendels behandelt, um die sich namentlich *Bessel* Verdienste erwarb. In ähnlicher Weise wird zwischen idealen und wirklichen Gesetzen der Schwere, der Planetenbewegung u. s. w. unterschieden.

Aber ganz besonders in den sog. angewandten oder beschreibenden Naturwissenschaften stehen viele Gesetze dieser Art zur Erörterung: geologische, mineralogische, meteorologische, Gesetze der Ebbe und Flut u. s. w. Denn jene beschreibenden Naturwissenschaften haben es ja selbstverständlich nicht mit besonderen, nur ihnen eigentümlichen Gesetzen oder Kräften, sondern eben mit der Anwendung entweder physikalischer oder chemischer Gesetze auf bestimmte einzelne Gebiete zu thun und müssen deshalb auch dem Einfluss anderer Momente als jener »elementaren« Rechnung tragen. Erst dies giebt ihnen ihr eigentümliches Gepräge. Mag das Material, so sagt mit Bezug auf geologische Gesetze z. B. *Vogelsang* mit Recht, anderswo Physik, Chemie, Botanik, Zoologie oder auch Astronomie heissen, zu geologischen Zwecken verwendet, wird es zur Geologie, wie jeder Stein zum Baustein wird, der dazu zu gebrauchen ist, mag man ihn sonst nennen, wie man will ²). Und eben aus dieser Verfolgung komplexer Ursachen und ihrer Wirkungen müssen Erscheinungen hervorgehn, die sich von jenen »idealen« wesentlich unterscheiden.

Auch auf alle diese nicht einfachen Gesetze trifft noch zu, was nach *Helmholtz* als allgemeine Definition von Gesetz hier festgehalten wird ³), dass sie nemlich der Ausdruck für eine im Wandel

---

1) In diesem Sinne will ja auch *Braun* in der Physik zwei Arten von Gesetzen scheiden: Integral- und Differentialgesetze, von welchen er letztere auch Elementargesetze nennt, während die Integralgesetze nach *Braun* Beziehungen zwischen endlichen Grössen, endlichen Wegen, messbaren Zeiträumen etc. zum Ausdruck bringen. In philosophischen Schriften ist eine Auffassung dieser Art seit Alters befestigt. Man vergleiche *J. St. Mill* S. 460 a. a O.: Es können in Betreff der Flut etc. unter Berücksichtigung von Meeresgrund, Küste etc. »allgemeine Gesetze, aufgestellt werden, auf diese Gesetze können Voraussagungen begründet werden etc.« Auch *Menger* a. a. O. S. 39.

2) *Vogelsang*: Philosophie der Geologie 1867, p. 17 ff.)

3) Nur darf man diese »wirklichen Gesetze« (besser: Gesetze der wirklichen Schwere, wirklichen Wellenbewegung etc.) nicht mit jenen »wirklichen Gesetzen« vergleichen, die direkt durch Beobachtung zu erfassen sind (nach *Menger*: »Durch Beobachtung konstatierte thatsächliche Regelmässigkeiten«). Die ersteren bringen Tendenzen, die letzteren Wirkliches zum Ausdruck, jene beziehen sich auf Einheiten, Gleichmässigkeiten, diese nur auf regelmässig Geschehendes.

von Vorgängen zu Tage tretende Einheit sind. Desgleichen trifft zu, dass es sich bei ihnen um **ursächlich verknüpfte** Erscheinungen, also um **kausale** Gesetze und sicherlich auch um abgeleitete, nicht elementare Gesetze handelt. Indessen von **Exaktheit** im bisher festgehaltenen Sinne, wonach exakt ist, was sich genau in Zahlen bestimmen lässt, kann dort nicht die Rede sein. Vielmehr ist bei diesen komplexen oder »wirklichen« Gesetzen entweder überhaupt kein Zahlenausdruck möglich oder doch nur ein auf Grund fortgesetzter Beobachtungen approximativer.

In die letztere Kategorie gehören z. B. jene Gesetze des **physischen Pendels**, bei denen neben den »Kräften« der Anziehung und Trägheit, aus denen sich die Gesetze des mathematischen Pendels ergeben, auch der Einfluss der Reibung und des Luftwiderstandes zu numerischem Ausdruck gelangen soll. Eben dahin gehört aber auch das gleichfalls berührte Gesetz der **wirklichen Schwere**, das schon infolge der unregelmässigen Beschaffenheit der Erde nach Gestalt und Massenverteilung von so komplizierter Natur sein muss, dass man seinen mathematischen Ausdruck niemals mit voller Genauigkeit, sondern auf Grund fortgesetzter Beobachtungen immer nur annähernd anzugeben im stande sein wird. Und es gehören eben dahin namentlich auch z. B. die Gesetze wirklicher **Wellen-** und wirklicher **Flut**bewegung. Ist es leicht, einen genauen Zahlenausdruck für jene hypothetischen Flutgesetze zu finden, die sich allein aus den Gesetzen der Trägheit und der Anziehung der Himmelskörper ergeben, so sind überaus schwierig und besten Falls nur approximativ richtig numerische Ausdrücke für jene wirkliche Flutbewegung, die sich ausser aus diesen Elementargesetzen auch z. B. aus dem Einfluss wechselnder Windesstärke, Meerestiefe, Küstenbildung u. s. w. ergeben.

Damit aber nehmen diese »komplexen« oder »wirklichen« Gesetze — gerade das macht sie den **wirtschaftlichen** besonders ähnlich, zwischen idealen und nicht idealen Gesetzen eine eigentümliche Mittelstellung ein: sie sind nicht in dem Sinne exakt, dass man genauen Zahlenausdruck für sie hätte. Und doch sind es auch nicht wirkliche Dinge, was sie zur Darstellung bringen. Denn unter Absehen von allen nicht numerisch zu charakterisierenden Momenten geben sie eben nur das wieder, was dem in Zahlen zu erfassenden Zusammenwirken gewisser einzelner Ursachen entsprechen möchte.

Und endlich giebt es daneben, wie bemerkt, auch solche Gesetze, die obwohl sicherlich kausaler Natur und anscheinend auch

strenge, nicht einmal annähernden Zahlenausdruck
gestatten. Und da gerade die zu diesen zu rechnenden, insbesondere physiologischen Gesetze mit den sogleich zu erörternden wirtschaftlichen aus mancherlei Gründen in besonders enger
Beziehung zu stehen scheinen, sei bei ihnen hier noch mit einigen
Worten verweilt.

Ihr eigentümliche Elementargesetze hat auch die Physiologie bekanntlich nicht. Jene »einfachsten« Mechanismen, auf
deren Wirkung sie das Gebiet des Unerklärlichen »zurückzudämmen« bestrebt ist [1]), sind ebenso wie die der Mineralogie, Geologie u. s. w. nur der Physik und Chemie entnommene. Aber auch
an eigenen abgeleiteten Gesetzen ist in der Physiologie
kein Ueberfluss. Ganz vorzugsweise befindet man sich dort noch
auf dem Boden jener nicht kausalen Gesetze, die oben als
empirische oder Regeln bezeichnet sind. Und es liegen die
Zeiten gar nicht weit zurück, da sogar an der Möglichkeit gezweifelt wurde »Lebensvorgängen« gegenüber dieses Stadium
je zu überwinden, weil sowohl die Verbindung jener Vorgänge mit
Seelenthätigkeiten als auch das Walten einer »auf höheren Willen
deutenden Zweckmässigkeit« den Nachweis fester Gesetzmässigkeit
in diesen Dingen auszuschliessen schien [2]). Heute steht es hiemit nun freilich anders. Die Annahme einer auf »direkten Einfluss höheren Willens« zurückzuführenden »Zweckmässigkeit organischer Bildungen« war, wie *Helmholtz* ausführt, bereits durch
Darwin's Theorie erschüttert. Und da auch das wichtigste aller Gesetze, das von der Erhaltung der Kraft allgemeine Geltung für sich
in Anspruch nehmen darf, schien auch die »Lebensseele« kein
Hindernis mehr, das feste Kausalzusammenhänge ausschlösse [3]).

---
1) Vgl. oben Seite 411.
2) Vgl. *Hüfner:* Ueber die Entwickelung des Begriffs Lebenskraft, Tübingen. 1873, auch *Helmholtz* a. a. O. (Ziel und Fortschritt der Naturwissenschaften, p. 351): »Der grösseren Verwickelung der Lebensvorgänge, ihrer Verbindung mit den Seelenthätigkeiten und der unverkennbaren Zweckmässigkeit der organischen Bildungen gegenüber konnte indes selbst die Existenz einer festen Gesetzmässigkeit zweifelhaft erscheinen, und in der That hat die Physiologie von je mit der Prinzipienfrage gekämpft: Sind alle Lebensvorgänge absolut gesetzmässig?«
3) Vgl. *Helmholtz:* Ueber das Ziel und die Fortschritte der Naturwissenschaften in Vorträgen und Reden. Bd. I, p. 333 ff., auch *Hüfner* a. a. O. S. 21 ff. »In der That, sagt der erstere, finden wir keine Spur davon, dass die lebenden Organismen irgend welches Quantum Arbeit ohne entsprechenden Verbrauch erzeugen können.... Ist aber das Gesetz von der Erhaltung der Kraft auch für die lebenden Wesen giltig, so folgt daraus, dass die physikalischen und chemischen Kräfte der zum

Auch die Physiologie begann deshalb »mit unbedingter Gesetzlichkeit der Naturkräfte« zu rechnen. Auch sie machte, wie *Helmholtz* sagt, Ernst mit der Verfolgung physikalischer und chemischer Prozesse, die innerhalb der Organismen vor sich gehen. Indessen soweit sie auf diesem Gebiete Erfolge zu verzeichnen hat, soweit es ihr gelang, speziell auf Organismen bezügliche k a u s a l e Z u s a m m e n h ä n g e zu ermitteln, schien doch die Möglichkeit selbst approximativer numerischer Formulierung bisher fast ausnahmslos ausgeschlossen.

Gesetze z. B. wie das der Assimilation oder jene des Geo- und Heliotropismus sind zweifellos nicht bloss empirische, sondern in der That k a u s a l e und anscheinend auch strengen Charakters, indem sie zum Ausdruck bringen, welche Wirkung das Licht und die Schwerkraft unter allen Umständen auf Vorgänge der Ernährung und resp. des Wachstums von Pflanzen und Pflanzenteilen ausüben. Aber in welchem M a s s e solcher Einfluss geübt wird, in welchem G r a d e sich z. B. mit Graden der Lichtintensität die Ernährung der Pflanze steigert, oder ihre Neigung Zweige und Blätter der Sonne zu- oder abzuwenden ab- oder zunimmt, hat sich bisher numerischer Erfassung fast vollständig entzogen. Und nicht viel anders steht es mit jenen physiologischen Gesetzen, die sich auf die Tierwelt beziehen, z. B. jenem der spezifischen Sinnesenergie, wonach z. B. der Sehnerv bei Reizungen

---

Aufbau ihres Körpers verwendeten Stoffe ohne Unterbrechung und ohne Willkür fortdauernd thätig sind, und dass ihre s t r e n g e G e s e t z l i c h k e i t in keinem Augenblicke durchbrochen wird.« Bis das erkannt war, hat sich freilich mancher Wandel vollzogen. In *A. von Humboldt*'s zuerst in *Schiller*'s Horen gedruckten und später in *Humboldt*'s »Ansichten der Natur« übergegangenen Jugendarbeit: »Die Lebenskraft oder der rhodische Genius« erschien die Lebenskraft noch als »eine gewaltthätige Macht, die nicht gebunden an die in Physik und Chemie herrschenden Gesetze, die natürlichen Kräfte nach Willkür überwindet und aufhebt« (*Hüfner:* Ueber die Entwickelung des Begriffs Lebenskraft, S. 17). Später stellte z. B. *Liebig* diese Kraft gewissermassen als gleichberechtigt neben die elementaren (»Licht, Wärme, L e b e n s k r a f t, Schwerkraft üben einen ganz entscheidenden Einfluss auf die Anzahl der einfachen Atome, die sich ... vereinigen, und auf die Weise ihrer Lagerung« Einl. zum 16. Chem. Brief). Und schliesslich war ihm Lebenskraft der »Kollektivname, welcher alle die Ursachen in sich begreift, von denen die vitalen Eigenschaften abhängig sind.« (Anm. zum 16. Brief. Vgl. *Hüfner* a a. O. p. 33.) Aber die Weise, wie solche Lebenskraft nun »die einzelnen physischen Kräfte in geschickter Weise kombiniere und für ihre Zwecke benutze«, sollte — so meinten noch im zweiten Viertel dieses Jahrhunderts »unsere besten Forscher« — für uns immer unbegreiflich bleiben. (*Hüfner* S. 18 a. a. O.)

jeder Art nur mit Lichtempfindungen reagiert u. s. w. Auch das ist mehr als empirisches, ist kausales Gesetz, aber ebenso wie jene auf Pflanzen bezüglichen, nur ein qualitatives, genauen Zahlenausdruck nicht gestattendes, während als ein quantitatives in diesem letzteren Sinne ausnahmsweise z. B. jenes psychophysische oder *Weber-Fechner*'sche anzusehen sein möchte, wonach die Stärke der Empfindung wächst mit dem Logarithmus des Reizes.

Jedenfalls stehen wir hier noch vor vielen Erscheinungen, die mehr als Regeln, die in der That kausale Gesetze sind, aber nicht in jenem Sinne, der die Möglichkeit exakter Formulierung zu seiner Voraussetzung hat.

4. Rückblick.

Rekapitulieren wir nun, so ergiebt sich für den Vergleich naturwissenschaftlicher und wirtschaftlicher Gesetze folgendes:

1. Ein Naturgesetz im weitesten Sinne ist der Ausdruck für einheitliche Erscheinungen, die sich innerhalb wechselnder Gestaltungen erkennen lassen, und speziell ein Gesetz der Succession (i. w. S.): der Ausdruck für eine in der Aufeinanderfolge von Dingen erkannte Einheit, m. a. W. für eine gleichmässige Wiederkehr von Vorgängen.

2. Gesetze letzterer Art beziehen sich zum Teil auf erkannte Zusammenhänge von Ursache und Wirkung und werden in diesem Falle kausale, andernfalls aber Regeln, oder bloss empirische Gesetze genannt (obwohl letzterer Ausdruck hie und da auch auf anderes, nemlich auf empirisch ermittelte Gesetze bezogen wird).

3. Für alle empirischen Gesetze im hier festgehaltenen Sinne ist charakteristisch, dass sie der Ausdruck für eine nur thatsächlich sich vollziehende gleichmässige Wiederkehr von Vorgängen sind, der Art dass weder ihre Ursachen noch aus ihnen sich ergebende Gesetze bekannt sind.

4. Jene kausalen Gesetze dagegen sind zwiefacher Art: entweder wie z. B. die Gesetze der Anziehung oder der Trägheit elementare d. h. der Ausdruck für solche gleichmässige Wiederkehr von Vorgängen, deren Folgen zwar erkennbar sind, deren Ursache aber bisher nicht erfasst werden konnte; oder aber wie z. B. die Gesetze des Falls und des Pendels abgeleitete d. h. der Ausdruck für solche gleichmässige Wiederkehr von Er-

scheinungen, deren Ursachen in mehr oder weniger bestimmter Weise sich angeben lassen.

5. Die **Elementargesetze** sind sämtlich nicht nur ideale oder »hypothetische«, in dem Sinn, dass sie nur **Tendenzen** m. a. W. Folgen zum Ausdruck bringen, die sich aus einzelnen Ursachen als solchen ergeben würden, wenn diese allein wirksam wären, sondern auch sämtlich **exakt** in dem Sinn, dass sie **genauen numerischen** Ausdruck gestatten, und unterscheiden sich hiedurch wie durch ihre Bedeutung als Ursache anderer Gesetze von jenen Regeln (3), mit denen sie gemeinsam haben, dass ihre eigenen Ursachen nicht erkannt sind.

6. Die **abgeleiteten** Gesetze aber sind verschiedener Natur. Einige, die sogenannten **einfachen** Gesetze, wie z. B. die des mathematischen Pendels gehen ausschliesslich aus Elementargesetzen hervor, bringen deshalb gleich diesen als ideale Gesetze nur **Tendenzen** (aus gewissen Ursachen als solchen sich ergebende Folgen) zum Ausdruck und gleichen jenen auch darin, dass sie **genauem Zahlenausdruck** zugänglich sind. Andere, die sog. **komplexen** oder »wirklichen« Gesetze (im naturwissenschaftlichen Sinn), gehen wie z. B. die des **physischen** Pendels oder der Wellenbewegung, aus Elementargesetzen **und andern Ursachen** hervor, haben zwar auch nur Tendenzen in jenem Sinne zum Objekt, erscheinen in dieser Beziehung also auch als ideal, sind indessen um jener mitwirkenden **anderen** Ursachen willen als exakt entweder gar nicht oder doch nur in dem Sinne zu bezeichnen, dass sie **annähernden** Zahlenausdruck auf Grund fortgesetzter Beobachtungen gestatten.

Und endlich beziehen sich manche abgeleitete Gesetze, insbesondere **physiologische**, zwar auch auf kausale Zusammenhänge mit andern Naturgesetzen, sind aber nach dem jetzigen Stande der Erkenntnis nicht einmal annähernd numerisch zum Ausdruck zu bringen, also zweifellos **nicht** zu den exakten zu zählen.

II. Wirtschaftliche Gesetze.

Legen wir das bisher Gewonnene zu Grunde, so erscheint ein Vergleich von Natur- und wirtschaftlichen Gesetzen insofern wenigstens erleichtert, als das Vergleichungsfeld beschränkt ist. Denn zwei Arten von Gesetzen sind jetzt von vornherein auszuscheiden: jene empirischen oder Regeln und diejenigen kausalen, welche diesen insofern nahe stehen, als auch ihre Ursachen nicht erkennbar sind.

Regeln mögen für die Statistik von Interesse sein, obwohl auch dort ihre Bedeutung nicht selten überschätzt worden ist. Viel zu sehr, so mahnte schon *Rümelin*, ist man in der Statistik geneigt gewesen, »da wo sich nur Zahlen konstant um einen Schwerpunkt gruppieren, gleich auch eine *loi sociale* anzunehmen.« So habe man es z. B. als Gesetz bezeichnet, dass im mittleren Europa der Mann durchschnittlich 168 Zentimeter gross werde, oder auf 16 Mädchengeburten 17 Knabengeburten fallen u. s. w. Aber im Grunde handle es sich bei solchen Regelmässigkeiten nur um Thatsachen, zu welchen der Schlüssel des Verständnisses zu s u c h e n sei. Gerade was dabei noch f e h l e, sei das Gesetz [1]).

Sind nun Auffassungen dieser Art auf statistischem Gebiete angebracht, so in noch viel höherem Masse auf volkswirtschaftlichem. Denn gerade da sind es vorzugsweise kausale Zusammenhänge, die zu erörtern sind, und auf sie ist deshalb auch herkömmlich der Ausdruck Gesetz dort ganz besonders bezogen worden.

Wie hienach aber die Regeln ausscheiden, so auch jene e l e m e n t a r e n Gesetze, die wie z. B. die der Anziehung und der Trägheit den andern zur Basis dienen. Denn im Grunde bringen ja auch sie, wie wir sahen (Seite 412), nicht Wirkungen erkannter Ursachen, sondern nur eine Wiederkehr von Erscheinungen zum Ausdruck, deren Ursache bisher n i c h t festzustellen war, und hieran wird dadurch natürlich nichts geändert, dass man jene Gesetze wohl als Kräfte bezeichnet hat, deren Ursache und Wesen nicht minder unbekannte Dinge sind.

In Vergleich zu ziehen sind also lediglich die oben als a b g e l e i t e t bezeichneten Gesetze, d. h. jene, die der Ausdruck für eine solche Wiederkehr der Erscheinungen sind, die sich auf bestimmte Ursachen zurückführen lässt. Und in der That mit d i e s e n, insbesondere den durch s i e zum Ausdruck gebrachten T e n d e n z e n zeigen wirtschaftliche Gesetze in mancher Beziehung Verwandtschaft.

Ehe hierauf indessen eingegangen wird, erscheint es angezeigt, mit einigen Worten darauf zu verweisen, um w e l c h e r l e i als wirtschaftliche Gesetze bezeichnete Erscheinungen es sich hier denn vorzugsweise handelt. Und dabei soll, um das Ganze zu überblicken, zwiefach gegliedert werden. Erstens nämlich erscheint es mit Rücksicht auf die besondere Bedeutung aller jener Gesetze, die sich auf den P r e i s im weitesten Sinne, mit Einschluss von Zinssätzen, Kursen, Löhnen, Miets- und Pachtschillingen, Fahr- und Fracht-

---

[1]) *Rümelin*: Begriff des sozialen Gesetzes. S. 12

preisen, Gebühren u. s. w. beziehen — geboten, Preis- und andere Gesetze zu scheiden ¹). Sodann aber empfiehlt es sich, innerhalb dieser Gruppen die einzelnen Gesetze oder Tendenzen nach den **M o t i v e n** zu trennen, auf die sie sich zurückführen lassen. Und hiebei sind einerseits der **Eigennutz**, andererseits aber jene Gefühle der Gerechtigkeit und Billigkeit zu beachten, die man mit *Aristoteles* noch heute wohl als Empfindungen distributiver oder **a u s t e i l e n d e r** und kommutativer oder **e n t g e l t e n d e r** Gerechtigkeit auseinander hält ²).

1. Preisgesetze.

Die zuletzt berührten Empfindungen spielen eine grosse Rolle z. B. bei jenen Preisgestaltungen, die sich innerhalb geschlossener Personenkreise vollziehen, und haben es dort zur Folge, dass für sog. **B e i t r ä g e** jene vielfach auch in gesetzlichen Vorschriften zum Ausdruck kommende Tendenz sich geltend macht, den Preis nach **W e r t** und **K o s t e n** zu gestalten ³). Selbstverständlich ist auch das aber **n u r** Tendenz, d. h. nur die Folge gewisser Empfindungen als solcher. Denn thatsächlich gestalten sich die hier in Rede stehenden Beiträge regelmässig anders, indem sie auch z. B. durch **j e n e** Neigungen bestimmt werden, welche sich aus dem Gefühle der Pflicht in Fällen der Bedrängnis **H ü l f e z u g e w ä h r e n** ergeben und darauf abzielen, dass bei dringlichem Anlass ⁴)

---

1) Ueber die Preisgesetze als Ausdruck »**v o r a u s z u s e t z e n d e r** Wirksamkeit von Kräften« und ihre nahen Beziehungen zu Naturgesetzen, die auch nur **T e n d e n z e n** zum Ausdruck bringen, hat sich Verfasser bereits im Aufsatze Ueber die Gestaltung des Preises unter dem Einflusse des Eigennutzes (Zeitschr. f. Staatswissenschaft, Bd. 36, Jahrg. 1880, S. 275 ff.) geäussert und wird auf diese Ausführungen im Folgenden mit den Worten »**G e s t a l t u n g d e s P r e i s e s**« Bezug nehmen.

2) Vgl. bez. des Eigennutzes S. 426 Anm. 1 u. S. 436. Ueber jene Scheidung selber gehen die Meinungen auseinander. Zu beachten sind die Ansichten von *Zeller:* Philosophie der Griechen, insbesondere Band II³ 1879 und *Hildenbrand:* Gesch. u. System der Rechtsu. Staatsphilosophie, Bd. I 1860, S. 70 ff., desgl. *Trendelenburg* (Naturrecht, 2. Aufl. 1868, § 51 und Histor. Beiträge zur Philosophie, Bd. III, 1867, p. 40 ff.); *Fechner:* Ueber den Gerechtigkeitsbegriff bei *Aristoteles*, 1855 und *Prantl* im Staatswörterbuch (Aristoteles). Der Verfasser hat seine z. T. abweichenden Ansichten insbesondere über die Bedeutung der Aristotelischen Anschauungen für die Grundsätze angemessener **P r e i s** bestimmung und gerechter **S t e u e r**umlage im Aufsatze: »**D i e S t e u e r n a c h d e r S t e u e r f ä h i g k e i t** in *Hildebrand's* Jahrb. N. F. I, p. 511 ff. dargelegt.

3) Weiteres in des Verfassers **L e h r e v o m P r e i s e** (in dem von *Schönberg* herausgegebenen Handbuche der Politischen Oekonomie. 3. Aufl. Tübingen, Bd. I³ 1890) und im hier zitierten Aufsatze Anm. 1.

4) So in Fällen drohenden Deichbruchs: vgl. z. B. § 16 ff. der Bestimmungen über Deichverbände im Preuss. Gesetz vom 28. Jan. 1848: »Als Verteilungsmassstab

den Grundsätzen d i s t r i b u t i v e r Gerechtigkeit entsprechend die Pflichtigen o h n e Rücksicht auf den Wert des Gebotenen (ähnlich wie im Steuerwesen) nach Massgabe ihrer L e i s t u n g s f ä h i g k e i t zu zahlen haben. Und der Realisierung beider Tendenzen stehen dann im einzelnen wieder in Schwierigkeiten der Durchführung, Rücksichten auf das Hergebrachte, Folgen selbstsüchtiger Motive u. s. w. so viele Hindernisse entgegen, dass es in der That sehr nahe liegt, diese Vorgänge z. B. mit jenen Gesetzen des Pendels zu vergleichen, die als »ideale« aus der Anziehung und der Trägheit hervorgehen, aber in den oben berührten Dingen: Reibung, Luftwiderstand u. s. w. so vielerlei Hindernissen begegnen, dass vielfach ganz und gar andere Resultate entstehen, als jene Gesetze vermuten lassen.

Aehnlich auch bei den a u s s e r h a l b geschlossner Personenkreise sich vollziehenden Preisgesetzen. Beschliesst z. B. in Verhältnissen wie den soeben geschilderten ein Deichverband, Teile der aufzubringenden Kosten durch Zahlungen zu decken, die n i c h t allein von den Deichgenossen, sondern von jedem erhoben werden, der diese oder jene Strecken des Deichs als Weg oder Strasse benutzt, so unterliegen auch d i e s e Preise wieder einerseits der aus jenen Billigkeitsgefühlen (Empfindungen »kommutativer Gerechtigkeit«) sich ergebenden Tendenz, die Höhe der Zahlung nach Wert und Kosten zu gestalten [1]. Und dieser Tendenz entsprechend hat der Einzelne z. B. an Dammgeld desto mehr zu zahlen, nicht nur je länger die von ihm benützte Strecke ist, sondern auch je mehr sie von schwererem Fuhrwerk abgenützt wird. Daneben aber gelangt in Fällen dieser Art, um jener »Nichtgeschlossenheit« des beteiligten Personenkreises willen, regelmässig auch jene andere Tendenz zum Durchbruch, die sich aus dem wichtigsten Faktor wirtschaftlicher Berechnung, dem E i g e n n u t z ergiebt, und der zufolge dem Selbstinteresse des Deichverbandes und seiner Mitglieder entsprechend jene Preise »Nachfrage erweckend«, d. h. so zu gestalten sind, dass z. B. für die Benützung weiterer Strecken Ermässigungen Platz greifen, oder auf derselben

---

ist i n d e r R e g e l das Verhältnis des abzuwendenden Schadens und herbeizuführenden Vorteils anzusehen . . . . bei drohender Gefahr müssen a l l e Bewohner der bedrohten . . . . Gegend unentgeltlich H i l f e l e i s t e n« u. s. w. Weiteres auch in der L e h r e v o m P r e i s e, p. 252 ff.

[1]) Weiteres in der Lehre vom Preise (1890) p. 250 ff. Preisgestaltung (1880) p. 539 ff.

Strecke (wie mit Bezug auf ähnliche Dinge schon *Adam Smith* beobachtete) die die Strasse w e n i g e r schädigende Kutsche des Wohlhabenden m e h r zu zahlen hat als der den Damm stärker abnützende Lastwagen minder Bemittelter, weil letztere durch höhere Gebühr zu g e r i n g e r e r B e n ü t z u n g, also geringeren Zahlungen bestimmt werden möchten, welche Gefahr der Kutsche gegenüber ausgeschlossen ist [1]). Auch kann daneben drittens wieder jene andere Tendenz sich geltend machen, die aus Empfindungen »austeilender Gerechtigkeit« hervorgeht und insofern zu abweichenden Resultaten führt, als sie höhere Belastung des Wohlhabenderen a l s s o l c h e n, d. h. auch dann verlangt, wenn hiedurch n i c h t wie im berührten Falle grössere Inanspruchnahme und grösserer Reinertrag zu erzielen wäre. Und endlich influieren auf die »wirklichen« Preise neben alledem noch vielerlei Umstände, die wie z. B. Herkommen, Ausführungsschwierigkeiten u. s. w. so zufälliger und wechselnder Natur sind, dass gesetzmässige oder gesetzesähnliche Gestaltungen aus ihnen überhaupt nicht herzuleiten sind.

Noch deutlicher aber sind Tendenzen jener Art bei den in neuerer Zeit viel erörterten Preisen unserer grossen Verkehrsanstalten zu verfolgen. Ja dort haben gerade sie zum Entstehen besonderer P r e i s s y s t e m e geführt, die man nach einander wohl als die ausschliesslich berechtigten angesehen hat.

Allein dem E i g e n n u t z e schien das n a t ü r l i c h e oder W a g e n r a u m s y s t e m zu entsprechen, das die Preise thunlichst nur nach Gewicht und Entfernung bemass d. h. sie thunlichst den entstehenden K o s t e n anzupassen suchte, ohne dem Werte Rechnung zu tragen [2]). Denn bei freier Konkurrenz, m u s s sich — das sehen wir sogleich — aus dem Eigennutz allerdings die Tendenz ergeben, Preis und Kosten in Harmonie zu bringen. Und was der Freiheit entsprach, schien auch das Natürliche und das Gerechte zu sein [3]).

---

1) Preislehre (1890). S. 276 ff.
2) Preisgestaltung unter dem Einfluss des Eigennutzes (1880). p. 307 ff.
3) Der Gedanke, dass jene allgemeinen wirtschaftlichen Zusammenhänge, aus denen hervorgeht, was wir wirtschaftliche Gesetze nennen (vgl. den Schluss dieses Aufsatzes) zu an sich u n b i l l i g e n, der Gerechtigkeit Hohn sprechenden Resultaten führen, lag vor 10 - 20 Jahren so weit zurück, dass vom äussersten Flügel der Manchesterleute bis zu den »Staatssozialisten« fast j e d e r m a n n annahm, natürlich oder gerecht sei jener mit den K o s t e n harmonierende Betrag, auf den freie Konkurrenz den Preis herabzudrücken tendiert. Darauf zielte der Beschluss des Volkswirtschaftlichen Kongresses von 1873, darauf die Ausführungen *J. Stuart Mill*'s und *Ad. Wagner*'s, darauf aber

Andererseits ergab sich aus der vereinten Rücksichtnahme auf Eigennutz und auf Empfindungen kommutativer Gerechtigkeit das Wert und Kosten zugleich berücksichtigende W e r t k l a s s i f i k a t i o n s s y s t e m, dem zufolge z. B. der Zentner Seidenwaren bei gleichen Transportkosten n i c h t das Gleiche zahlen sollte, wie der Zentner Steine oder Kohlen, sondern erheblich mehr, weil sich an jene Sendung umfassendere Vorteile, grössere Interessen, höherer Leistungswert knüpfen, und jene Empfindungen eben Rücksicht auf W e r t und Kosten zugleich erheischen. Schliesslich aber erstand das dritte: das r a t i o n e l l e oder i n d i v i d u a l i s i e r e n d e T a r i f s y s t e m [1]) aus dem gemeinsamen Einfluss dieser Billigkeitsgefühle und jenes wahren Selbstinteresses, das wie wir sahen darauf abzielt durch g e s c h i c k t e P r e i s g e s t a l t u n g (z. B. Ermässigung der Fahrpreise für grössere Entfernungen oder bei festlichen Gelegenheiten, Ermässigungen der Frachtpreise zu Gunsten aufblühender aber noch nicht erstarkter Industrie, Ermässigung der Portosätze für leicht zu vervielfältigende Drucksachen etc.) N a c h f r a g e nach den Transportleistungen zu erwecken und hiedurch Nutzung und Ertrag zu steigern.

Auch in diesen Fällen sind es zunächst n u r g e w i s s e Tendenzen, die zum Ausdruck gelangen. Neben ihnen sind andere Momente von Einfluss, so z. B. da wo Staatseisenbahnen überwiegen, die aus Empfindungen d i s t r i b u t i v e r Gerechtigkeit sich ergebende Tendenz, die Wohlhabenden als solche höher zu belasten, und überall mancher zufällige Umstand, was dann zur Folge hat, dass schliesslich Preise entstehen, die von der durch die e i n z e l n e

auch die Auslassung des Reichseisenbahnamts vom Juni 1874: »Wenn die volkswirtschaftlichen Gesetze über den Wert der Güter ....., wie solche im freien wirtschaftlichen Leben n a t u r g e m ä s s z u r G e l t u n g k ä m e n — auf die Eisenbahntransporte in Anwenduug gebracht würden, so k ö n n e bei der Festsetzung der Bahnfrachtsätze jedenfalls nicht der Verkaufswert der zu transportierenden Güter ....., sondern lediglich die von der Bahnverwaltung in dem Transport gewährte Dienstleistung, d. h. die mit dem Transport verbundene Mühe und Arbeit, die durch denselben bedingten K o s t e n den Ausschlag geben u. s. w.« (Weiteres in dem Aufsatze von der Preisgestaltung. 1880, p. 310 ff.) In England ist diese den üblichen Vorstellungen vom angemessenen Preise durchaus entsprechende Ausdrucksweise bis auf *Petty* zurückzuverfolgen (*A treatise on taxes and contributions.* London 1667, p. 31): Wenn zwei Dinge gleiche Kosten verursacht haben, so sei, heisst es dort, *one the natural price of the other* (vgl. a. a. O. p. 510).

1) Diesseits wird letzterer Ausdruck vertreten (Preislehre 1890, S. 276), der andere z. B. von *Carl v. Neumann* (Eisenbahntarifwesen im Handwörterbuch der Staatswissenschaften, Bd. III. 1891).

Tendenz vorgezeichneten Bahn kaum weniger abweichen als z. B. die geworfene Feder von der Parabel! Trotzdem bleibt die einzelne Tendenz und was sich aus ihr ergiebt, von Bedeutung.

Dasselbe gilt dann endlich aber auch von jenen Preisen, an die man vorzugsweise zu denken pflegt, wo von Preis und Preisgestaltung die Rede ist: von den Preisen des »freien Verkehrs«. Ja, es haben gerade diese Preise zuerst das Bedürfnis gezeitigt, überhaupt von Gesetzen der Preisgestaltung zu sprechen. Gerade sie gehen auch, insbesondere im Grossgeschäft, vorzugsweise aus einer Ursache, dem Eigennutz hervor und lassen deshalb die Wirksamkeit dieser einen Ursache gut verfolgen.

Um nur der wichtigsten dieser Gesetze hier zu gedenken, so wird der Preis aller Industrieprodukte, wie man häufig sagt, durch das Verhältnis von Angebot und Nachfrage bestimmt[1]), der Art dass wenn das erstere zu- oder die letztere abnimmt, die Preise steigen, dagegen mit der Verringerung der Nachfrage und der Vergrösserung des Angebots fallen. Der Wirklichkeit entspricht auch das selbstverständlich nicht. Ja nicht einmal als Regel scheint es zugegeben werden zu können. Weiss doch jeder, dass z. B. am Anfang jeden Schul- oder Universitätssemesters die Nachfrage nach Büchern, Federn, Tinte und Papier regelmässig ganz erheblich zunimmt, und weiss zugleich, dass ebenso regelmässig die Preise aller solcher Dinge zu dieser Zeit nicht in die Höhe gehen. Nicht minder ist jedem bekannt, dass an schönen Sonn- und Festtagen die Nachfrage nach Speisen und Getränken, Wirtschaftsgeräten, Wagen, Pferden u. s. w. regelmässig steigt, und dass auch diese Dinge dann regelmässig nicht teurer zu werden pflegen u. s. w. Die Wirklichkeit folgt eben auch hier anderen Bahnen als jenen, die das Gesetz vermuten lässt, gleichwie der Bumerang und die Kugel nicht der vom Anziehungs- und Trägheitsgesetz vorgeschriebenen Parabel folgen, die Flut sich anders gestaltet, als Mond und Sonne gebieten u. s. w. Aber wie die wirkliche Meeresbewegung und die wirkliche Geschosslinie trotzdem besser zu erkennen und besser vorauszuschen vermag, wer jenen »idealen« Flut- und Wurfgesetzen Beachtung schenkt als wer sie vernachlässigt, ebenso vermag auch der jetzigen und künftigen wirklichen Preise in vielen Fällen besser Herr zu werden, wer jene

---

[1]) Gegen manche Uebertreibung, die sich an diese Worte knüpft, ist ebenso wie gegen Ableitung aller Gesetze aus dem Eigennutz diesseits Einspruch erhoben in Gestaltung der Preise, p. 288 ff, und Preislehre p. 257 ff Vgl. auch unten.

aus dem Eigennutz als solchem sich ergebende Preistendenzen erfasst, als wer aus Unkenntnis oder Thorheit vor ihnen die Augen verschliesst. Denn thatsächlich ist heute, wie bemerkt, gerade in Preiskämpfen der in Rede stehenden Art der Eigennutz nun einmal vorzugsweise von Bedeutung. Und a n s i c h muss sich aus diesem jene Tendenz, die mit der Steigerung der Nachfrage oder dem Sinken des Angebots die Preise sich erhöhen, dagegen mit dem Sinken der Nachfrage und der Steigerung des Angebots diese fallen lässt, d e s h a l b ergeben, weil z. B. aus der Steigerung der Nachfrage die Neigung ersteht, eher höheren Preis zu zahlen als leer auszugehen, dagegen auf der anderen Seite die Hoffnung höheren Preis zu erhalten sich befestigt u. s. w. Und wird alles das durch andere Momente auch vielfach durchkreuzt — an sich trägt die Erkenntnis jener Tendenz immerhin bei, die Gestaltung der wirklichen Preisvorgänge zum voraus besser zu erfassen und zu beherrschen. Und wer (um hiefür ein Beispiel zu geben, auf das noch zurückzukommen ist) es auf dem Gebiete des Bankwesens z. B. unternehmen möchte, o h n e Beachtung jener Tendenz nachzuweisen, wie es grossen Zentralbanken gelingen kann, durch Erhöhung des Diskontosatzes bei i h r e n Geschäften den Preis der Waren überhaupt zu drücken und den allgemeinen Warenimport und Geldexport zu mindern, dagegen Warenausfuhr und Geldzufuhr zu steigern — würde sich bald überzeugen, dass er U n m ö g l i c h e s versucht.

Dinge von so allgemeiner und grosser Bedeutung sind gar nicht anders als durch Bezugnahmen auf Tendenzen jener Art darzulegen. Und diese behalten also ihren Wert, obwohl der wirkliche Lauf der Dinge vielfache Abweichung zeigt.

Eben jenes Gesetz vom Einflusse von Angebot und Nachfrage auf den Preis ist daneben aber auch insofern von Bedeutung, als sich aus diesem »einfachen« Gesetz manche andere Gesetze ergeben, die man fast versucht ist, mit den oben berührten k o m-p l e x e n in eine Linie zu stellen.

Dazu gehört z. B. jenes, wonach bei freier Konkurrenz der Preis der Waren teils nach den geringsten Kosten b i l l i g s t e r, teils aber auch nach den geringsten Kosten d e r j e n i g e n t e u e r-s t e n Produktionsart gravitiert, die zur Deckung des Bedarfs noch in Anspruch zu nehmen ist [1]), und zwar e r s t e r e s, wenn jene billigste Produktionsart dem Bedarf entsprechend auszudehnen ist, l e t z-t e r e s im anderen Fall.

---

1) Desgl. jenes, wonach die Preise notwendiger Dinge besonders stark schwanken etc.

Zu sagen, wie es oft geschieht: der mit den Kosten billigster Produktionsart übereinstimmende Preis sei der r e g e l m ä s s i g e, ist allerdings gerade so verkehrt, als mit den Physiokraten oder Smithianisten zu behaupten, er sei der natürliche oder gerechte. Dass man ihn in letzterer Weise charakterisierte, hatte wie schon bemerkt nur darin seinen Grund, dass man freieste K o n k u r r e n z unter noch so ungleichen Kampfesbedingungen als das an sich Natürliche und Gerechte ansah, und einer der Art freien Konkurrenz allerdings die T e n d e n z entspricht, die Preise beliebig vermehrbarer Ware auf jene Kosten herabzumindern, da überall wo noch eine Differenz zwischen Preis und Kosten bleibt, bei ideal »freier«, in jedem Augenblick sich geltend machender Konkurrenz und ungefesseltem Eigennutz allerdings das Bestreben Platz greifen muss, jenen Spielraum durch eigenes Angebot so lange auszunutzen, bis das verstärkte Angebot (aus den berührten Gründen) den Preis gedrückt und ihn den Kosten der Art nahe gebracht hat, dass die Möglichkeit weiteren Gewinnes aus jener Differenz beseitigt ist.

Dass auch das eben nur Tendenz ist, liegt auf der Hand. Der H i n d e r n i s s e , die sich der Wirksamkeit derselben entgegenstellen [1]), sind unendlich viele, so dass man fast versucht ist, es als A u s n a h m e zu bezeichnen, dass sich Preis und Kosten decken. Aber die B e d e u t u n g jener Tendenz für das Erfassen wirklicher Preisgestaltung ist deshalb ebensowenig eine geringe,

---

[1]) »Von Hindernissen, die dem Inslebentreten jener Tendenz entgegenstehen und n i c h t von A u s n a h m e n der Regel, dass der Preis durch die Kosten bestimmt wird, hat man zu sprechen. Denn eine solche R e g e l e x i s t i e r t n i c h t, also auch keine Ausnahme von ihr. In Frage kommt nur jene Tendenz. Und diese cessiert im Grunde niemals, da sie auf zum Wesen des Menschen gehörigen Dingen beruht. Aber sie wird in den Hintergrund gedrängt, durchkreuzt und mehr oder minder unwirksam gemacht durch Umstände und Kräfte, die daneben wirksam sind.« (Die Gestaltung des Preises, 1880, p 285.) Uebrigens heisst es ähnlich bei St. Mill: With regard to e x c e p t i o n s; in any tolerably advanced science there is properly no such thing as an exception. What is thought to be an exception to a principle is always some other and distinct principle cutting into the former : some other force which impinges against the first force, and deflects it from its direction. There are not a law and an e x c e p t i o n to that law, the law acting in ninetine cases and the exception in one .... There are t w o laws?), each possibly acting in the whole hundred cases and bringing about a common effect by their conjunct operations etc. (Definition and method of political economy Essays. London. 1877, p. 162). Die Anwendung des Ausdrucks law auf die Folgen a l l e r Ursachen (disturbing causes) dürfte freilich wenig zu empfehlen sein. Vgl. unten.

als die Gesetze der Anziehung deshalb unwichtig sind für die Erkenntnis der Pendelbewegung, weil auf diese letztere auch z. B. das Gesetz der Trägheit und daneben manche Umstände von Einfluss sind, die es zur Unmöglichkeit machen, die wirkliche Pendelbewegung genau zu bestimmen. Und wer z. B. die Wirkung einer **S t e u e r e r h ö h u n g o d e r E r m ä s s i g u n g** auf die Preise der belasteten Waren oder die Folgen der Erfindung billig arbeitender **M a s c h i n e n** für die Entwickelung der Preise der bezüglichen Textilware erfassen wollte, **o h n e** sich jener Gravitationstendenz bewusst zu sein, wird unter übrigens gleichen Umständen sicherlich weniger Erfolg haben, als derjenige, der mit Bezugnahme auf jene behauptet, dass z. B. die Hausweberei immer mehr dem Verfall entgegengeht, weil die Hand nicht so billig arbeiten kann, als die Maschine, und die durch **l e t z t e r e** bestimmten Preise als die Preise billigster Produktionsart das Feld behaupten werden.

Nicht anders steht es denn auch mit dem zweiten der vorhin berührten beiden Gesetze.

Ist **n i c h t** beliebig vermehrbar, was durch billigste Produktionsart erzeugt wird, und müssen zur Befriedigung des Bedarfs demnach auch teurere Produktionsweisen in Anspruch genommen werden, so kann, wie oft gesagt ist, nicht davon die Rede sein, dass die Preise sich mit den Kosten **b i l l i g s t e r** Produktion zu decken tendieren. Denn Preise dieser Art würden das Inanspruchnehmen anderer Produktionsarten als jener billigsten ausschliessen. Gesteigerte Nachfrage aber bei zu kleinem Angebot würde die Preise steigen lassen, und zwar steigen bis zu **j e n e r** Höhe, die es den teurer arbeitenden Produktionen eben noch möglich macht, den Bedarf zu decken. Ginge der Preis nämlich über diese Grenze hinaus, so würde ein den Bedarf überschreitendes Angebot den Preis zum Sinken bringen, bis jener wieder erreicht ist u. s. w.

Auch alles das ist selbstverständlich nur Tendenz, nicht Wirklichkeit. Denn es bringt ja nur zum Ausdruck, was zutreffen **w ü r d e** bei freistem Mitwerben, stets klarer Einsicht, ausnahmslos regem und rücksichtslos waltendem Eigennutz, steter Möglichkeit, die bezüglichen Produktionen zu beginnen und ohne Verlust wieder einzustellen u. s. w. Und da diese Voraussetzungen in ihrer Gesamtheit niemals zutreffen, ist eine Verwirklichung jenes Gesetzes direkt bisher ebenso wenig beobachtet als z. B. die Verwirklichung des Parallelogramms der Kräfte oder der Parabel, die der geworfene Stein durchlaufen soll. Indessen bedeutungslos ist auch jene Tendenz trotz alledem nicht. Und thöricht wäre wieder, wer sie unbeachtet liesse, wo er von zu erwartenden zukünftigen Gestaltungen Einsicht gewinnen oder auf sie Einfluss üben will.

Hiefür nur wenige Beispiele.

Nicht ganz mit Unrecht ist mit Bezugnahme auf das zuletzt berührte Gesetz noch kürzlich behauptet worden (Frühjahr 1892), dass wenn österreichisch-ungarischer Weizen die deutsche Grenze fortan zu dem herabgesetzten Zolle von 3 M. 50 Pf., dagegen russischer sie zum alten Satze von 5 M. passieren würde, die Konsumenten im allgemeinen wenig gewinnen möchten, vielmehr der Weizenpreis wie bisher vorzugsweise der durch den Betrag von 5 M. gegebenen Kostensteigerung entsprechen würde, da das österreichisch-ungarische Getreide an sich nicht ausreicht, den deutschen Einfuhrbedarf zu decken, und der Preis des Weizens daher dem Betrage der in Anspruch zu nehmenden teureren Gestehungskosten zuneigen wird, wie sie eben durch den vom russischen Getreide zu zahlenden Zoll bestimmt würden.

Eine eigentümliche Stütze ist dieses selbe Gesetz sodann z. B. bei der Regelung der deutschen Branntweinsteuer im Jahre 1887 gewesen. Denn in der That um dieses Gesetzes, dieser Tendenz willen hat man damals die vom Branntwein zu tragende Steuer nicht einheitlich, sondern in zwei Sätzen: auf 25 und auf 35 Pf. per Liter (50 %) bestimmt, indem man annahm, dass der Preis des Branntweins, da das zu niedrigerem Satze besteuerte Quantum von 9 resp. im Süden 6 Liter per Kopf nicht ausreichen würde, den Bedarf zu decken, sich demjenigen höheren Kostenbetrage zuneigen werde, welcher sich aus der Abgabe von 35 Pf. ergiebt, und diese Preissteigerung dann beitragen werde, die belasteten Produzenten wesentlich zu erleichtern.

Von allgemeiner Bedeutung aber ist jenes Gesetz endlich, wie an anderem Orte zu zeigen versucht ist, in sozialen Dingen. Es lehrt, dass die Gravitation der Arbeitsöhne im Grunde zwiefache Gestalt zeigen muss: Im allgemeinen (abgesehen namentlich von den der Armenpflege auferlegten Lasten) neigen diese Löhne nämlich dahin, sich jenen Beiträgen zu nähern, die nach den hergebrachten Ansprüchen der bezüglichen Klasse ausreichen, den Bedarf des Arbeiters als solchen zu decken. Wo es indessen überkomme und — wie es in diesen Dingen regelmässig zutrifft — um solchen Herkommens willen auch festgehaltene Sitte ist, dass in den bezüglichen Arbeitsstellungen allein oder vorzugsweise v e r h e i r a t e t e Arbeiter beschäftigt werden, da muss, (mit derselben Modifikation) der Lohn sich diesen h ö h e r e n Kosten des Familienunterhalts zuneigen [1]). Auch da siegen die Kosten der teureren Produktion«. Und was bei den einen kaum den Bedarf zu decken vermag, kann sich auskömmlich für die andern, die Unverheirateten gestalten. Kurzsichtig aber wäre, wer auch diesen Dingen gegenüber den Einwand erhöbe, dass in Wirklichkeit sich die Dinge anders verhalten. Eben mit der D i s h a r m o n i e von Gesetz und Wirklichkeit hat man hier zu rechnen wie in den Naturwissenschaften. Und dennoch bleibt das Gesetz von Bedeutung.

Nicht anders aber steht es endlich mit jenen Gesetzen, die sich nicht auf Preise beziehen.

2. A n d e r e G e s e t z e.

Auch unter diesen sind mit Recht von jeher weniger betont die n i c h t aus dem Eigennutz sich ergebenden. Und doch sind auch sie von Bedeutung, insbesondere im Abgabewesen.

Aus den in Bezug genommenen Empfindungen d i s t r i b u t i v e r G e r e c h t i g k e i t, die mit Gefühlen der Pflicht den Hilfsbedürftigen und der Gesamtheit gegenüber in Beziehung stehen, ergiebt sich z. B., dass zu gemeinnützigen Zwecken, örtlichen, nationalen, humanen u. s. w. Alle, die sich überhaupt zu Beiträgen entschliessen, regelmässig nach Massgabe ihres Vermögens oder, besser gesagt, nach Massgabe jener B e i t r a g s fähigkeit zu zahlen neigen, die sich einerseits aus ihren Vermögens- und Einkommensverhältnissen, andererseits aber auch aus dem Umfang und der Bedeutung ihrer Ausgabeverpflichtungen ergeben. Und in Zeiten revolutionärer Bewegung kann sich hieraus sogar, wie z. B. für Polen an anderem Orte gezeigt worden ist, ein den progressiven Einkommens- und Vermögenssteuern durchaus ähnliches Zahlungssystem entwickeln, das nicht auf Gesetz beruht, aber jener Tendenz nicht minder Rechnung trägt. Im Staats- und Gemeindesteuerwesen aber sehen wir aus derselben Ursache sich regelmässig folgende Wandelungen vollziehen. Wo es überhaupt

---

[1]) Die übliche, früher auch vom Verfasser vertretene Annahme geht von einer allgemeinen Tendenz der Löhne aus, sich diesem F a m i l i e n kostenbetrage zu nähern, der Art, dass auch der künftige B e d a r f a n A r b e i t e r n gedeckt bleibt. Doch unterliegt gerade diese Annahme manchem Einwande.

geboten erscheint, von den Einkommens- oder Vermögenssteuern Gebrauch zu machen, behauptet bei **geringer** Steuerlast die proportionale Steuer den Vorrang, da jene Schwierigkeiten, die sich an die Durchführung progressiver Steuern knüpfen, so bedeutend sind, dass man nur in dringlichen Fällen sich zu solcher Abgabenverfassung entschliesst. Ist die überhaupt zu tragende Last aber eine grosse, so sehen wir regelmässig jene Neigung sich Bahn brechen, die darauf hinausläuft, trotz jener Schwierigkeiten, der Progression Eingang zu schaffen, nicht nur weil es auf diesem Wege am ehesten gelingen kann, von der gesamten wirtschaftlichen Macht der Bevölkerung entsprechenden Gebrauch zu machen, sondern namentlich, weil solche Progression am besten der aus den Gefühlen aus **teilender Gerechtigkeit** sich ergebenden Tendenz entspricht, den Einzelnen thunlichst gleiche Opfer dadurch aufzulegen, dass man die von ihnen zu tragende Last mit ihrer Steuerfähigkeit in Harmonie setzt. Aus denselben Empfindungen ergiebt sich die Tendenz, die fundierten Bezüge höher zu belasten, als die nur aus Arbeit hervorgehenden »unfundierten«, desgleichen die andere, neben den Einkommen gewährenden Vermögensobjekten auch jene zu belasten, die solches gewähren **könnten**, ebenso die nicht selten *contra legem* sich geltend machende Tendenz, bei zahlreicher Familie Steuerermässigungen eintreten zu lassen u. s. w. [1]).

Auch alles das sind nur Tendenzen. Wie weit sie sich verwirklichen, ist von mancherlei Umständen abhängig.

Und eben dasselbe gilt endlich und namentlich auch von jenen Gesetzen, die sich aus dem **Eigennutz** ergeben, und an die man wieder vorzugsweise zu denken pflegt, wo von wirtschaftlichen Gesetzen ausser jenen des Preises die Rede ist.

---

1) In welchem Umfange insbesondere preussische Gemeindeverwaltungen **trotz** entgegenstehender Bestimmungen sich durch jene Billigkeitsgefühle bestimmen liessen, derartige Erleichterungen eintreten zu lassen, hat Verfasser in seiner Progress-Einkommensteuer (Leipzig 1874). p. 87 ff. zu zeigen versucht. »Es ist da — so heisst es dort zum Schlusse — trotzdem nach dem bezüglichen Steuerregulativ eine »reine Einkommensteuer« erhoben werden soll, gewissermassen durch die Natur der Dinge, **durch die Schwerkraft der gesunden Vernunft**, die über schlechte Bestimmungen »in Gerichtsgebrauch« und auf andere Weise den Sieg davonträgt, ... *contra legem* der Gedanke zum Durchbruch gekommen, dass in den unteren Stufen wenigstens jene Steuer nicht allein nach dem Einkommen erhoben werden **darf**, sondern andere die **Leistungsfähigkeit** bedingende Umstände dabei zu berücksichtigen sind.«

Den zuletzt berührten Preisgesetzen besonders nahe steht z. B. jenes oft in Bezug genommene, wonach ebenso wie die Arbeitslöhne auch die Unternehmereinkünfte oder Gewerbsverdienste nach gewissen Minimalbeträgen gravitieren. In dieselbe Kategorie gehört das nicht minder oft genannte Gesetz, dass bei fortschreitendem Wohlstande die Grundrente zu steigen, die Höhe der Kapitalzinse aber zu fallen tendiert, sodann jenes, wonach wegen gewisser Vorzüge ausgedehnten Betriebs die grosse Industrie raschere Fortschritte zu machen neigt, als die kleine, aus ähnlichen Gründen die Zahl der grossen Vermögen stärker wächst, als die der mittleren und kleinen, im Münzverkehr das schlechte Geld das gute verdrängt, im Notenverkehr grosse Noten rascher zur Bank zurückkehren als kleine, bei den Ab- und Zugängen der Bevölkerung wegen gewisser Lohndifferenzen zwischen West und Ost ein »Zug nach dem Westen« Platz greift u. s. w. u. s. w.

Auch alle diese Erscheinungen hat man seit Alters Gesetze genannt. Und auch sie bringen nicht allgemein sich vollziehende Erscheinungen, sondern nur Tendenzen im erwähnten Sinne zum Ausdruck, d. h. sie haben als »ideale« Gebilde es mit der Gegnerschaft vieler anderer Dinge zu thun, deren Macht sich in nicht seltenen Fällen stärker erweist als ihre eigene; so jenes Grundrentengesetz z. B. mit dem Umstande, dass wesentliche Verbesserungen der Verkehrsmittel örtliche Differenzen auszugleichen tendieren, jenes Gesetz besonders starken Wachstums grosser Vermögen mit der Thatsache, dass in Kreisen mit grossem ererbten Besitz auch manche Ursachen der Zersplitterung und Vergeudung ererbten Vermögens besonders wirksam werden u. s. w., so dass die »wirklichen« Vorgänge der Grundrentensteigerung wie der Vermögensverteilung sich im Einzelnen verschieden gestalten [1]).

Uebrigens sind alle diese Dinge in ähnlicher Weise schon geraume Zeit angesehen. Und auf den leichtfertig noch heute erhobenen Einwand, dass die Wirklichkeit sich anders zeige als jenen Gesetzen entsprechend, und dass es namentlich u n z u l ä s s i g sei, bei Annahme solcher Art von der Voraussetzung auszugehen, dass die Menschen in wirtschaftlichen Dingen vorzugsweise durch Eigennutz bestimmt würden, hat treffend schon vor 50 Jahren *J. St. Mill* geantwortet: »No mathematician ever thought that his definition

---

[1]) Vgl. Anlage hier unter III. 5.

of a line corresponded to an actual line. As little any political economist ever imagined that real men had no object of desire but wealth or none which would not give way to the slightest motive of pecuniary kind. But they were justified in assuming this, for the purpose of their argument; because they had to do only with those parts of human conduct, which have pecuniary advantage for their direct and principal object; and because, as no individual cases are exactly alike, no **general** maxims could ever be laid down, unless **some** of the circumstances of the particular case were left out of consideration.« — —

Indessen sind Einwendungen **anderer** Art berechtigter.

Denn, wenn zum Wesen kausalen Gesetzes eine aus gewissen Ursachen ableitbare »**gleichmässige Wiederkehr**« von Vorgängen gehört, ist nicht gerade diese Voraussetzung in allen wirtschaftlichen Dingen zu **vermissen**? Kann letzteren gegenüber nicht höchstens etwa von Regeln oder regelmässigen Erscheinungen die Rede sein? und sind nicht selbst gegen diese Charakteristik oben schon manche Einwendungen erhoben?[1]

Lassen wir dies Erfordernis »gleichmässiger« oder regelmässiger Wiederkehr aber fallen, indem wir kausales Gesetz nennen, was sich als **Folge** bestimmter **einzelner Ursachen** ergiebt, muss sich da der Begriff des Gesetzes nicht vollständig verflüchtigen? Müsste es da nicht so viele Gesetze geben, als es **Ursachen** giebt? Kann es richtig sein, die Folgen so **verschiedener Ursachen** wie der vom Willen beeinflussten und nicht beeinflussten mit einem Wort zusammenzufassen? Und widerspricht ein so umfassender Gebrauch des Ausdrucks Gesetz nicht auch allem Herkommen? — Wer hätte je z. B. in der Politik von »Gesetzen« gehört, die sich aus Ehrgeiz oder Vaterlandsliebe ergeben! Oder im Familienleben von »Gesetzen«, die aus Eltern- oder Geschwisterliebe hervorgehen! Oder mit Bezug auf freundschaftlichen oder nachbarlichen Verkehr von »Gesetzen«, die der Zuneigung oder der Feindschaft ihren Ursprung danken u. s. w.!

Und wenn man da überall solche Ausdrucksweise meidet, sie als nichtssagend oder irreführend ansieht — weshalb soll es auf wirtschaftlichem Gebiete anders sein?!

Mit diesen Einwendungen hat es das Folgende zu thun.

---

[1] Freilich nicht gegen regelmässige Wiederkehr von Tendenzen. Vgl. auch unten.

III. Gegensätzliches und Analoges.

Zunächst eine Vorbemerkung. In der Physiologie hielt man, wie schon berührt ist, das Auffinden von Naturgesetzen in organischen Vorgängen so lange für ausgeschlossen, als man den Einfluss einer »Lebensseele« annahm. Denn die Aeusserungen dieser schienen sich jener »kausalen« Erfassung zu entziehen, ohne die Gesetze im eigentlichen Sinne undenkbar sind. Wie viel schwerer — so kann man nun von vornherein einwenden müssen Bedenken dieser Art da wiegen, wo wie in volkswirtschaftlichen Dingen Gesetze vorzugsweise auf psychische Einflüsse zurückgeführt werden sollen!

Ueber dieses Bedenken ist nicht leicht hinwegzukommen, und namentlich Eines hier von vornherein zuzugeben: dass nämlich die Möglichkeit exakter Gesetze auf wirtschaftlichem Gebiete ausgeschlossen ist.

Gesetze dieser Art haben das Walten bestimmter Ursachen von stets gleicher Wirksamkeit zur Voraussetzung. Und eben hieran fehlt es, wie auch schon von *Helmholtz* gelegentlich betont worden ist, auf dem Gebiete der »Geisteswissenschaften« durchaus. »Nehmen Sie an« — so führte *Helmholtz* aus [1]) — »dass wir einen Menschen als ehrgeizig kennen, wir werden vielleicht mit ziemlicher Sicherheit vorher sagen, dass wenn dieser Mann unter gewissen Bedingungen zu handeln haben wird, er seinem Ehrgeize folgen und sich für eine gewisse Art des Handelns entscheiden wird. Aber weder können wir mit Bestimmtheit definieren, woran ein Ehrgeiziger zu erkennen ist oder nach welchem Mass der Grad seines Ehrgeizes zu messen ist; noch können wir mit Bestimmtheit sagen, welcher Grad des Ehrgeizes vorhanden sein muss, damit er in dem betreffenden Falle den Handlungen des Mannes gerade die betreffende Richtung gebe .... Wir ziehen also unsern Schluss weniger auf Grund logischer Induktion als nach gewissem psychologischen Takte, der dem des Künstlers ähnlich, und statt strenge bindender Gesetze haben wir nur unsichere Urteile vor uns.«

Was hier vom Ehrgeiz gesagt ist, gilt offenbar auch von anderen Motiven, mögen diese nun lobenswerte oder verwerfliche sein, mögen sie auf Gemeinnützigkeit, Patriotismus, Opfersinn oder auf Eitelkeit, Herrschsucht oder Eigennutz hinauslaufen.

---
1) Vgl. a. a. O. I. S. 130.

Und nur weil dem Eigennutze gegenüber dies bis zur Gegenwart noch immer bestritten wird, ist noch in Kürze hiebei zu verweilen.

1. **Die Unmöglichkeit exakter wirtschaftlicher Gesetze.**

Der **Begriff** des **Eigennutzes**, wirtschaftlichen oder geschäftlichen, kann sehr verschieden aufgefasst werden. Doch wird niemand bestreiten, dass Eigennutz überhaupt eine Erscheinung des Selbst- oder Eigeninteresses d. h. jenes Empfindens ist, das sich auf die Wahrung eigenen Interesses richtet. Und ebenso zweifellos ist, dass nicht jedes Selbstinteresse Eigennutz ist. Denn wer z. B. allein darauf ausgeht das Seinige zu schonen, **ohne** jemand hiebei zu nahe zu treten, erscheint nach allgemeinem Sprachgebrauch, obwohl vom Selbstinteresse geleitet, doch **nicht** als eigennützig. Und der wissenschaftliche Sprachgebrauch steht in dieser Beziehung mit dem allgemeinen in Uebereinstimmung. Eigennützig **kann** also nur sein, wer dem Selbstinteresse folgend mit den Interessen Anderer in Konflikt gerät. Und er **ist** es, sobald er hiebei **diese** Interessen **hintansetzt**. Nur kann dies freilich in zwiefacher Weise geschehen. Entweder sind nämlich persönliche Interessen bestimmend. Dann haben wir den **persönlichen** Eigennutz vor uns. Oder die vorangestellten Interessen sind nicht persönliche, sondern gehen wie z. B. Familienfürsorge, Freundestreue, Anwaltspflicht u. s. w. aus altruistischen Motiven hervor. Dann ist der Eigennutz ausschliesslich geschäftlicher Art und nicht selten sogar mit persönlichen **Opfern** verknüpft. Immer aber ist — persönlich oder geschäftlich — eigennützig, wer die von ihm vertretenen Interessen den Interessen jener **voranstellt**, die ihm im bezüglichen Falle, Geschäft etc. gegenüberstehen.

Daraus ergiebt sich bereits die unendliche Mannigfaltigkeit der als Eigennutz bezeichneten Empfindungen. Denn eigennützig ist hienach, wer unbedeutenden eigenen Interessen besonders dringliche Interessen Anderer hintansetzt. Eigennützig ist aber auch, wer (wie allgemein gebilligt wird), geringfügigen Interessen Anderer dringliche eigene voranstellt. Und dass Empfindungen und Handlungsweisen von solcher Mannigfaltigkeit nicht so **bestimmte** Dinge sind, dass aus ihnen exakte Gesetze hervorgehen könnten, scheint von vornherein klar.

Derartiges hatte auch wohl *Rümelin* im Sinn, wenn er in dem zweiten der beiden oben erwähnten Aufsatze über »Gesetze«

sagte: Von einem echten physikalischen Gesetze fordern wir, dass es nicht nur im allgemeinen einen Zusammenhang, eine kausale Beziehung zwischen zwei Arten von Vorgängen behaupte, sondern zugleich ein festes Massverhältnis, eine quantitative Begrenzung angebe, in welcher jene kausale Beziehung sich verwirklicht [1]). . . . Die Wirkung im Einzelnfall wird dadurch zum Gegenstand der Berechnung. Im Bereich unseres Seelenlebens aber lässt sich nichts zählen, nichts messen und nichts berechnen. Denn alles Zählen hat zu seiner Voraussetzung den Begriff der Einheit. Unsere ganze innere Einrichtung bietet uns aber keinen einzigen Vorgang, den wir in dem Sinne als einfach, als ein Eins betrachten könnten, dass irgend ein anderer Vorgang als dessen Mehrfaches oder Bruchteil erschiene.

Und ähnlich *Cairnes* [2]). In the more advanced physical sciences ... a law of nature expresses some general tendency constantly influencing external objects; and in this respect it is precisely similar to a law in Political Economy; but in the physical sciences the discovery of a law of nature is never considered complete till, in addition to the general tendency, an exact numerical expression is found for the degree of force with which the tendency in question operates. The chemist is consequently able, not merely to describe the general nature of the reaction which will take place between certain substances under known conditions, but can give beforehand a numerical statement of the exact proportions in which the several elements will unite in the resulting compound.

This is a degree of perfection however, which it does not seem possible that Political Economy should ever attain. A portion of the premises of this science, and that portion, which comes most constantly into play in all economic reasonings, consist of those principles of human nature, which influence mankind in the pursuit of wealth. Now although the general character of these principles may be as certained; and when stated from sufficient precision may be made the basis of important deductions, yet such principles do not from their nature admit of being weighed and measured like the elements and forces of the material

---

1) Ueber Einwendungen, die sich hiegegen erheben lassen, vgl. oben S. 414.
2) Method of political economy p. 78 ff. Dass in mancher Beziehung auch *C.* zu weit geht, ist S. 410 berührt. Vgl. auch *Knies* Polit. Oekon. (1885 p. 500).

world; they are therefore n o t s u s c e p t i b l e o f a r i t h m e t h i c a l o r m a t h e m a t i c a l e x p r e s s i o n, and hence it happens, that in speculating on results, which depend on the positive or relative strength of such principles, p e r f e c t p r e c i s i o n a n d c e r t a i n t y a r e n o t a t t a i n a b l e. Political Economy seems on this account necessarily e x c l u d e d f r o m t h e d o m a i n o f e x a c t s c i e n c e.

Indessen hat es von jeher wie bemerkt auch Gegner letzterer Ansicht gegeben [1]). Und noch in neuester Zeit sind Einwendungen erhoben, die der Art Beachtung verdienen, dass man um ihrer Herr zu werden etwas weiter zurückgreifen muss.

Auf wirtschaftlichem wie auf anderem Gebiete, so führt z. B. *Menger* aus, habe man neben der h i s t o r i s c h e n oder individuellen Forschungsrichtung noch z w e i andere zu unterscheiden, die zwar

---

1) *Cairnes* selbst nimmt auf *Macleod* und *Jennings* (Normal elements of political economy) Bezug, hätte sich aber auch z. B. auf *Cournot* (vgl. unten), *J. St. Mill*, *Gossen* und *Cherbuliez* beziehen können, von denen der Letztere z. B. nachzuweisen unternimmt, dass des Nationalökonomen procédé, pour remonter à la cause des phénomènes et pour trouver, dans cette cause générale, toutes les conséquences qu'elle renferme, est et doit être a b s o l u m e n t l e m ê m e q u e c e l u i d u p h y s i c i e n .... le point de départ est semblable; les résultats sont d e m ê m e n a t u r e (Science économique I 1862 p. 10 ff.), während *J. St. Mill* (p. 149) ähnlich wie *Menger* sagt: Knowing therefore accurately the properties of the substances concerned, we may reason with a s m u c h c e r t a i n t y a s i n t h e m o s t d e m o n s t r a t i v e p a r t s o f p h y s i c s from any assumed set of circumstances. This will be mere trifling if the assumed circumstances bear no sort of resemblance to any real ones; but if the assumption is correct as far as it goes, and differs from the truth no otherwise than as a part differs from the whole, then the conclusions which are correctly deduced from the assumption constitute a b s t r a c t t r u t h; and when completed by adding or subtracting the effect of the non calculated circumstances, they are true in the concrete, and may be applied to practice. Später sind namentlich *Jevons* und *Walras* Vertreter jener mathematischen Richtung geworden, als deren Begründer man *Cournot* zu bezeichnen pflegt (Principes mathematiques de la Théorie des Richesses 1838), während richtigere Anschauungen in Frankreich z. B. von *Gide* vertreten werden, der treffend bemerkt (Principes 1889 p. 17): Il est vrai que les prévisions ici ne sont, comme l'on dit quelquefois, que d e s à - p e u - p r é s, et qu' on ne saurait espérer arriver à une précision mathématique. Si l'on veut en conclure que l'économie politique n'e s t p a s u n e s c i e n c e e x a c t e, nous n'y contredirons p a s. Il n'y a qu'un très petit nombre de sciences, qui soient exactes et qui puissent même aspirer à le devenir jamais. Mais si du fait qu' une prévision exacte n'est p a s possible, on voulait en conclure qu' il n'y a point de l o i s, ce serait une grande absurdité. Personne ne peut penser que le vent, la pluie, la grêle ou les orages soient le résultat du hazard et bien moins encore de la volonté humaine. Ils sont assurément regis par des lois naturelles. Cependant les prévisions en ce domaine ne sont pas plus exactes que dans le domaine économique et on pourra p r é d i r e u n e c r i s e c o m m e r c i a l e plus sûrement qu' un cyclone.

beide als Richtungen »genereller« oder »theoretischer« Forschung zu bezeichnen seien, von denen es aber die eine mit der Wirklichkeit, die andere mit der Ermittlung exakter idealer Gesetze zu thun habe. Jene historische Forschung suche nämlich das individuelle Wesen und den individuellen Zusammenhang der Dinge zu erfassen, die theoretische dagegen habe es mit der über die unmittelbare Erfahrung hinausreichenden Erkenntnis des generellen Wesens und generellen Zusammenhangs der Erscheinungen zu thun. Sie strebe, wie *Menger* an einer Stelle sagt [1]), die »Typen und die typischen Relationen der Erscheinungen« zu erkennen. Und eben dieses könne in zwiefacher Weise geschehen.

Das zunächst liegende sei, jene Typen und typischen Relationen so zu erforschen, wie sie sich »in ihrer vollen, empirischen Wirklichkeit, also in der Totalität und der ganzen Komplikation ihres Wesens darstellen«. Diesem Gedanken entspreche die realistisch-empirische Richtung theoretischer Forschung. Indessen »strenge Typen« und »streng typische Relationen« oder »Naturgesetze« seien auf diesem ersten Wege nicht zu gewinnen. Denn »Phänomene in ihrer vollen empirischen Wirklichkeit wiederholen sich erfahrungsgemäss in gewissen Erscheinungsformen, jedoch keineswegs mit vollkommener Strenge, indem kaum jemals zwei konkrete Phänomene, geschweige denn eine grössere Gruppe von solchen eine durchgängige Uebereinstimmung aufweisen.« Und so seien auch in volkswirtschaftlichen Dingen auf »realistischem Wege« zwar »empirische Gesetze« zu gewinnen, die »uns die faktischen (indes keineswegs verbürgt ausnahmslosen) Regelmässigkeiten in der Aufeinanderfolge und in der Koëxistenz der realen Phänomene zum Bewusstsein bringen«.

Daneben aber gebe es einen zweiten Weg. Von jeher habe der Menschengeist neben jener realistisch-empirischen Richtung der theoretischen Forschung noch eine andere verfolgt, die — *Menger* glaubt sie die exakte nennen zu dürfen — in der That die Feststellung von »strengen Gesetzen« zum Ziele habe, d. h. »Regelmässigkeiten in der Aufeinanderfolge der Phänomene festzustellen suche, welche sich nicht nur als ausnahmslos darstellen, sondern mit Rücksicht auf die Erkenntniswege, auf welchen wir zu denselben gelangen, geradezu die Bürgschaft der Ausnahmslosigkeit in sich tra-

---

1) Vgl. *Menger*: Methode der Sozialwissenschaften und der politischen Oekonomie, 1883. S. 33 ff. und Anhang V ff.

g e n« (S. 38). Und die diese Ausnahmslosigkeit verbürgende Erkenntnisregel ist *Menger* der Satz, dass »was immer auch nur in einem Falle beobachtet wurde, u n t e r g e n a u d e n n ä m l i c h e n t h a t s ä c h l i c h e n B e d i n g u n g e n stets w i e d e r z u r E r s c h e i n u n g g e l a n g e n m ü s s e.« Diese Regel gelte vom Wesen und vom »Masse der Erscheinungen«; ihr gegenüber erschienen »Ausnahmen« kritischem Verstande geradezu undenkbar, und somit habe jene exakte Richtung zunächst »die e i n f a c h s t e n E l e m e n t e« alles Realen zu ergründen, müsse Dinge suchen, die, eben weil sie »die einfachsten Elemente sind, streng typisch gedacht werden müssen«, und habe sodann namentlich zu untersuchen, wie aus diesen »einfachsten, zum Teil geradezu unempirischen Elementen der realen Welt in ihrer (gleichfalls unempirischen) I s o l i e r u n g von allen sonstigen Einflüssen sich kompliziertere Phänomene entwickeln.« Bei steter Berücksichtigung dieses exakten (gleichfalls idealen) Masses gelange man so zu Gesetzen, die »gar nicht anders, als a u s n a h m s l o s gedacht werden können, d. h. zu e x a k t e n G e s e t z e n.« Und da alles das auf wirtschaftswissenschaftlichem Gebiete ebenso gelte, wie auf anderen, so sei auch dort Aufgabe der exakten Richtung zunächst die Erforschung elementarster einfachster Elemente und sodann die Entwickelung jener »Gesetze, nach welchen kompliziertere Erscheinungsformen sich aus jenen einfachsten Elementen entwickeln.«

Bei alledem hat *Menger* nun aber das Wichtigste übersehen, nämlich dass es seine Aufgabe gewesen wäre n a c h z u w e i s e n, ob solche »einfachste« Elemente typischer Art, wie er sie voraussetzt, in den hier in Rede stehenden Dingen überhaupt m ö g l i c h sind, was zwar hie und da angenommen, aber doch von beachtenswerten Seiten auch bestritten ist. Gelänge *Menger* dieser Nachweis [1]), so könnte man ihm beistimmen, könnte sagen,

---

[1]) Vgl. auch *Schmoller*, der aber in seinen Konzessionen *Menger* gegenüber wohl zu weitgeht, wenn er (S. 243, vgl hier S. 444) sagt: Darin hat er (*Menger*) Recht; h a t man die einfachen Elemente einer Wissenschaft, dann ist alles andere verhältnismässig leicht... Aber diese einfachen Elemente.... sind in keiner Wissenschaft vom menschlichen Denken, Fühlen und Handeln s c h o n so u n t e r s u c h t u n d k l a r g e s t e l l t, dass man aus ihnen nur zu schliessen braucht .... deshalb haben alle tieferen wissenschaftlichen Anläufe seit 50 Jahren .... nach einer verbesserten psychologischen Grundlage der Nationalökonomie gesucht. Dieses Suchen war nur deshalb (?) bis jetzt so wenig fruchtbringend, weil die Betreffenden .... nicht wagten, an die Quelle. d. h. an die wissen-

dass da aus g l e i c h e n Ursachen an sich allerdings g l e i c h e Folgen hervorgehen müssen, auch die hier in Betracht kommenden gleichen Dinge, gleichen Gefühle, gleichen Empfindungen u. s. w. in ihrer Isolierung von allem Fremdartigen, allem Wechselnden und Verschiedenen gedacht zu ausnahmslos g l e i c h e n Folgen: »strengen Gesetzen« führen müssen.

Indessen jener Vorfrage wendet *Menger* wenig Aufmerksamkeit zu und scheint sich insbesondere dem Glauben hinzugeben, dass man über sie hinwegkommen könne, indem man sich v o r - s t e l l t, was nicht vorhanden ist. In diesem Sinne spricht er wiederholt [1]) von »einfachsten Elementen« als solchen, die eben weil sie die einfachsten sind, s t r e n g t y p i s c h g e d a c h t w e r d e n müssen«, schliesst hieran auch die Bemerkung, dass in anderer Weise, als »b e i d e r A n n a h m e streng typischer Elemente« und ihrer vollständigen »Isolierung von allen sonstigen verursachenden Faktoren« das Ziel exakter Forschung«, die Feststellung strenger Gesetze nicht zu erreichen sei, und bezieht sich besonders auf das Beispiel der Naturwissenschaften, in denen man auch nur durch A b s t r a k t i o n von empirisch fassbaren Dingen die Kenntnis von Kräften und Gesetzen zu gewinnen vermöge. Auch die Gesetze der Physik und Chemie — heisst es da — seien nicht das Ergebnis empirischer Forschung, die Elemente der Chemie »in ihrer vollen Reinheit« sogar gänzlich unempirisch, zum Teil nicht einmal künstlich darstellbar, desgleichen gehe die »neuere Mechanik« z. B. von der willkürlichen und unempirischen Annahme aus, dass die Körper sich im luftleeren Raum bewegen u. s. w.

Indessen beweisen alle diese Parallelen nicht, was sie beweisen sollen. Denn was *Menger* empfiehlt, um zu exakten Gesetzen zu gelangen, und was in den Naturwissenschaften zu diesem Zwecke g e s c h i e h t, sind durchaus verschiedene Dinge. In beiden Fällen — das ist zuzugeben — wird abstrahiert, abstrahiert von demjenigen, was Beobachtung und empirische Forschung an die

schaftliche Psychologie sich zu wenden.« — B e z w e i f e l t muss werden, ob selbst das erfolgreichste Studium letzterer Wissenschaft uns zu jenen Elementen der Art führen könnte, dass wir mit ihnen r e c h n e n und zu e x a k t e n Gesetzen gelangen könnten. Viele, die sich dieser Annahme zuneigen, denken dabei weniger an ein Rechnen mit den bezüglichen Ursachen und den aus ihnen sich ergebenden Folgen (Tendenzen), als an ein Rechnen mit manchen Symptomen (Preisen, Werten u. s. w.), in denen sich jene beiden Dinge ihrerseits ä u s s e r n. (Vgl. hier S. 443 Anm., S. 454 u. Schluss.)

1) Z. B. an den schon S. 440 berührten Stellen auf S. 41, 42, 116.

Hand giebt. Aber während der Naturforscher dieses Verfahren wählt, um v o r h a n d e n e messbare Dinge wie z. B. jene Kräfte der Anziehung und der Trägheit zu erkennen, sollen auf dem von *Menger* empfohlenen Wege, um zu exakten Gesetzen der Wirtschaftlichkeit zu gelangen, Dinge g e d a c h t werden, die, soweit unsere Kenntnis reicht, n i c h t vorhanden sind. Dort b e s t e h t Typisches, aus dem wieder Typisches hervorgehen und als Typisches erforscht werden kann. Hier soll der Art Typisches gedacht, d. h. fi n g i e r t werden. Und während man dort das an sich richtig Erkannte um so mehr bestätigt finden muss, je vielfältiger man mit Umsicht prüft, muss was sich aus jener F i k t i o n ergiebt, um so verschiedener ausfallen, je weniger verbürgt ist, dass es wirklich das G l e i c h e ist, was sich A, B, C, D etc. fi n g i e r e n. Man mag also *Menger* beistimmen, wenn er sagt, dass eine Forschung, die n i c h t von der Annahme streng typischer Elemente ausgehe, »das Ziel der exakten Forschung, die Feststellung strenger Gesetze n i e m a l s z u e r r e i c h e n v e r m ö c h t e.« Wenn er diesen Worten aber hinzufügt, dass man »b e i solcher Annahme« zu ausnahmslos geltenden exakten Gesetzen gelange, so darf wohl bemerkt werden, dass es richtiger gewesen wäre, gerade das G e g e n t e i l auszusprechen, nämlich zu sagen, dass man bei so w e n i g g e s i c h e r t e n, dem Vorstellen des Einzelnen so weiten S p i e l r a u m gebenden Voraussetzungen zu durchaus unsichern, willkürlichen und schwankenden Ergebnissen gelangen m ü s s e.

Damit stimmt denn auch, dass es trotz aller Mühe *Menger* so wenig wie irgend einem andern bisher gelungen ist, ein exaktes Gesetz wirtschaftlichen Charakters zu entdecken. Wohl aber ist belehrend, was als Voraussetzung solcher Gesetze gelegentlich hingestellt wird. Denn es zeigt, welche Vorstellungen sich an Worte wie »streng«, »exakt«, »genau determiniert« u. s. w. hie und da knüpfen.

Hier nur ein Beispiel a l l g e m e i n e r e n Charakters, das sich unmittelbar an das soeben Gesagte anschliesst [1]).

---

[1]) Auf e i n z e l n e angeblich »exakte Gesetze« einzugehen würde hier zu weit führen. *Menger* versichert, dass es leicht zu zeigen wäre, dass »in z a h l l o s e n anderen Fällen« die exakten Gesetze von den analogen empirischen schon in der äusseren Form Verschiedenheiten aufweisen« . . . . (S. 58), ist indessen in der speziellen Bezeichnung einzelner solcher exakten Gesetze zurückhaltend. Was er als einzelnes Beispiel jenen Worten direkt vorangehen lässt, ist Folgendes: Es erscheint ihm als

Aufgabe der exakten Richtung auf dem Gebiete der Wirtschaftsphänomene soll nach *Menger*, wie schon berührt ist, die Erforschung der »ursprünglichsten, elementarsten Faktoren menschlicher Wirtschaft«, die Feststellung »des Masses der bezüglichen Phänomene« und die Erforschung der Gesetze sein, nach welchen »komplizierten Erscheinungsformen der menschlichen Wirtschaft sich aus jenen einfachsten Elementen entwickeln.« Und als ursprünglichste Faktoren dieser Art glaubt nun *Menger* in der That Dinge gefunden zu haben, die »in letzter Linie unabhängig von der menschlichen Willkür« durch die jeweilige Sachlage »strenge gegeben« seien.

Es erscheinen ihm als Dinge dieser Art nämlich einerseits die Bedürfnisse der Menschen, andererseits die diesen »unmittelbar von der Natur gebotenen Güter, sowohl die bezüglichen Genuss- als Produktionsmittel« und endlich das Streben nach möglichst vollständiger Befriedigung der Bedürfnisse, möglichst vollständiger Deckung des Güterbedarfs. Denn so deduziert er — »strenge gegeben sind die unmittelbaren Bedürfnisse eines jeden wirtschaftenden Subjekts durch seine eigentümliche Natur und bisherige Entwickelung (seine Individualität)« und die ihm unmittelbar verfügbaren Güter »durch die jeweilige ökonomische Sachlage.« Beides seien »in Rücksicht auf jede Gegenwart« der Willkür entrückte, gegebene Thatsachen und somit »der Ausgangs- und der Zielpunkt jeder konkreten menschlichen Wirtschaft in letzter Linie durch die jeweilige ökonomische Sachlage s t r e n g d e t e r m i n i e r t.« (S. 263.) Da es aber zwischen »strenge determinierten Punkten« wenn auch viele thatsächlich betretene Wege, so doch sicher nur e i n e n Weg gebe, der der ökonomische d. h. der z w e c k m ä s s i g s t e sei, so sei auch er s t r e n g e d e t e r m i n i e r t. Und die exakte Richtung der Volkswirtschaftslehre, die

---

e m p i r i s c h e s Gesetz, dass auf eine Steigerung des Bedarfs eine solche der r e a l e n Preise thatsächlich d e r R e g e l n a c h folge, dagegen als e x a k t e s Gesetz, dass »unter bestimmten Voraussetzungen einer dem Masse nach bestimmten Steigerung des Bedarfs eine dem Masse nach genau bestimmte Steigerung der Preise folgen müsse.« Indessen tritt doch eine »Steigerung des Bedarfs« nach üblicher Auffassung auch z. B. dann ein, wenn etwas »intensiver« als bisher begehrt wird. Und die Steigerung von E m p f i n d u n g e n dieser Art entzieht sich eben der Messung. Für sie giebt es keine Einheit, also auch kein Mass und keinen Zahlenausdruck. Wie man nicht $1\,{}^1\!/_{12}$ mal höflicher oder liebenswürdiger geworden sein kann, ebensowenig kann sich jemandes Begehr nach einem Ding $1\,{}^1\!/_{13}$ mal intensiver gestaltet haben als bisher. Das sollte man doch endlich einmal einsehen. Weiteres vorbehalten. Vgl. S. 447 Anm. 1 u. S. 454.

es mit den Erscheinungen der W i r t s c h a f t l i c h k e i t d. h. eben des ökonomisch Z w e c k m ä s s i g e n zu thun habe, untersuche also streng determinierte Phänomene und könne aus diesem Grunde, wenn auch nicht zu exakten Gesetzen der »realen« Erscheinungen, so doch zu »exaktem Gesetze der Wirtschaftlichkeit« gelangen, deren »formale Natur« keine andere sei, als jene der Gesetze aller übrigen exakten Wissenschaften und der exakten Naturwissenschaften insbesondere« (S. 266, vgl. auch S. 44 ff.).

Von dem, was man sonst unter exakt, bestimmt, strenge etc. zu verstehen gewohnt ist, weichen nun alle diese Annahmen so erheblich ab, dass es nicht ganz leicht ist, ihnen gegenüber Stellung zu nehmen [1]).

Immerhin sei bemerkt, dass es erstlich schwer zu begreifen ist, wie man jenen »Güterbedarf wirtschaftender Subjekte«, zumal wenn man zu ihm (wie es seitens Menger's geschieht) auch z. B. den Bedarf an Luxusartikeln, Gegenständen des Komforts und der Bequemlichkeit rechnet [2]), zu der Willkür entrückten oder gar zu den streng determinierten Dingen rechnen kann, dass es zweitens nicht leichter verständlich ist, weshalb die »jedem wirtschaftenden Menschen unmittelbar v e r f ü g b a r e n G ü t e r « . . . . »strenge gegeben« sein sollen, da doch selbst in Verhältnissen so ausgebildeten Privateigentums wie den gegenwärtigen, im allgemeinen jeder mehr zur Verfügung hat, wenn er das Seinige mehr schont und zu Rate hält, was von Ort zu Ort und Zeit zu Zeit in sehr verschiedenem Masse geschehen kann, und dass endlich drittens ganz unbewiesen und, soweit sich hierüber bei so schwer begreiflichen Unterlagen überhaupt urteilen lässt, auch ganz unbeweisbar der Satz ist, dass es zwischen jenen zwei Punkten, mögen sie nun »streng determiniert« sein oder nicht, nur einen Weg geben soll, der der zweckmässigste ist [3]). Weshalb in aller

---

1) Hierin dürfte *Schmoller* beizustimmen sein, wenn er sagt: »Es gehört — nach meiner subjektiven Empfindung — eine ganz weltflüchtige, stubengelehrte Naivität dazu, in dem Ausgehen von den menschlichen Bedürfnissen oder vom Erwerbstrieb oder vom Eigennutz letzte e i n f a c h e E l e m e n t e im wissenschaftlichen Sinne zu sehen.« (S. 243. Jahrb. 1883. Zur Methodologie der Staatswissenschaften.)

2) Bezüglich d i e s e s W i derspruchs und mancher anderer sei es dem Verfasser gestattet, auf seine Kritik *Menger*'scher Anschauungen in s. »Grundlagen der Volkswirtschaftslehre«, 1888, pag. 49 und in der Lehre von den Grundbegriffen (Tübinger Handbuch, 3. Aufl. 1890 pag. 148 ff.) zu verweisen. Vgl. auch S. 447, Anm. 1.

3) Bei alledem seien auch die guten Seiten *Menger*'scher Ausführungen hervorgehoben: Nicht nur betont er richtig manche Einseitigkeit historisch-realistischer Rich-

Welt sollten denn zwischen zwei (nach *Menger*'scher Ausdrucksweise) noch so »fest bestimmten« Punkten nicht auch zwei oder mehr Wege möglich sein, die zugleich die zweckmässigsten sind?? Auf anderen Gebieten ist das k e i n e s w e g s ganz ausgeschlossen.

Also weshalb an sich unhaltbare Dinge mit schwachen Gründen stützen wollen?!

Geben wir Jenen, denen Volkswirtschaftslehre nur als Geschichte oder Wirtschaftspolitik erscheint, ohne Anstand zu, dass exakte Gesetze auf dem hier in Rede stehenden Gebiete ebenso ausgeschlossen sind wie in allen andern vom menschlichen Willen beherrschten Dingen. Wir k ö n n e n das um so leichteren Herzens thun, als es, wie wir sahen, auch n a t u r w i s s e n s c h a f t l i c h e Gesetze giebt, die als exakte entweder gar nicht oder doch insofern nicht genannt werden dürfen, als ein g e n a u e r Zahlenausdruck auf sie unanwendbar ist [1]). Und wir m ü s s e n uns zu jenem Anerkenntnis verstehen, da eben hiemit zwei andere Dinge in Zusammenhang stehen, die von Bedeutung sind: erstens nämlich, dass wirtschaftliche Gesetze eben wegen ihrer Abhängigkeit von physischen Vorgängen mit dem Fortschreiten der Kultur einem W a n d e l unterliegen, der bei Naturgesetzen ausgeschlossen ist, und zweitens, dass infolge dieser Entwickelungsfähigkeit direkt und indirekt auch durch Kulturmittel auf jene Gestaltungen ein E i n f l u s s geübt werden kann, von den Naturgesetzen gegenüber ebenfalls nicht die Rede sein kann.

An sich ist beides ja unbestreitbar.

Wirtschaftliche Thätigkeiten, wie sie hier in Frage stehen, sind solche, die sich auf Erwerb oder Erhaltung jener äusseren

---

tung (vgl. z. B. S. 108 ff. a. a. O.), sondern giebt auch, abgesehen von Schwächen wie den berührten und abgesehen namentlich von hie und da sehr lästiger B r e i t e der Ausführung (bei der an Stelle zutreffender Gründe nicht selten endlose Wiederholungen treten) manche A n r e g u n g und insbesondere einen zur ersten E i n f ü h r u n g in diese schwierigen Dinge wohl geeigneten Ueberblick. In den Vorwürfen gegen jene historische Richtung geht er freilich viel zu weit (vgl. unten S. 452). Aber eben das erklärt sich zum Teil aus jenem Irrtum bezüglich der Existenz e x a k t e r Gesetze.

[1]) Allerdings vermag man für einen grossen T e i l dieser Gesetze, wie zu zeigen versucht ist, einen a p p r o x i m a t i v zutreffenden Zahlenausdruck zu finden. Und bei a n d e r n ist wenigstens die Hoffnung nicht ausgeschlossen, dass man zu letzterem Ziele oder sogar zu jenem genauen numerischen Ausdrucks gelangen könne, während den hier in Rede stehenden Dingen gegenüber auf diese und jene Hoffnung verzichtet werden muss, wie das gerade in der deutschen Litteratur oft hervorgehoben ist. So gegenüber der sog. »mathematischen Richtung« namentlich von *Knies* (Polit. Oekonomie vom geschichtl. Standpunkt. II, 1883, p. 500) und *Rümelin* a. a. O.

Dinge beziehen, die man heute am kürzesten etwa als V e r m ö - g e n s o b j e k t e bezeichnen kann, und unter denen die mittelbar oder unmittelbar dem physischen Bedarf dienenden obenan stehen [1]). Niemand aber wird behaupten, dass Thätigkeiten dieser Art eben desselben Charakters sind im Zeitalter modernen Verkehrs wie in den Kulturstadien mittelalterlicher Abgeschlossenheit oder gar zu jenen Zeiten, da selbst örtliche Gemeinwesen und örtliches Ineinandergreifen von Beschäftigungen jener Art nicht existierten, jeder gewissermassen sein und der Seinigen eigener Versorger war. Vielleicht auf keinem Gebiete sind in den Beziehungen der Einzelnen zu einander durchgreifendere Wandelungen vor sich gegangen als auf diesem, und gesetzmässige Erscheinungen heutiger Art, wie wir sogleich sehen werden, erst entstanden, als jene Isolierung, aber auch jene örtliche Abgeschlossenheit überwundene Dinge waren (vgl. S. 458 ff.).

Ebensowenig aber kann es einem Zweifel unterliegen, dass auf diese Fortschritte und die ihnen zu Grunde liegenden Motive die Träger unserer Kultur: Staat, Kirche, Gemeinde u. s. w. direkt und indirekt von grossem Einflusse sind und stets sein werden. —

Der G e g e n s a t z zwischen diesen aus psychischen Ursachen hervorgehenden, wechselnden Kultureinflüssen unterliegenden und sich selber stetig w a n d e l n d e n Erscheinungen einerseits und jenen Naturgesetzen andererseits ist also in der That ein bedeutender. Und nehmen wir das andere hinzu, dass ebenfalls um dieses Einflusses psychischer Momente willen bei jenen Erscheinungen Einheit, Mass und Messen ausgeschlossen sind, während bei den Naturgesetzen gerade diese Dinge zu so hervorragender Rolle berufen sind, dass man als echte oder w a h r e Naturgesetze nicht selten ausschliesslich jene bezeichnet hat, die genauem numerischem Ausdruck zugänglich sind [2]), so ist es leicht erklärlich, dass viele den Ausdruck Gesetz auf w i r t s c h a f t l i c h e m und s o z i a l e m Gebiete überhaupt ausgeschlossen sehen wollen.

Und doch dürfte hiemit das Richtige n i c h t getroffen sein.

---

1) Weiteres in jenen Grundlagen (1889) S. 11 ff. Bei den üblichen anderen Definitionen von Wirtschaft muss man allerdings zu anderen Resultaten kommen. Aber gerade der vorliegende Fall dürfte zeigen, wie wichtig es ist, sich über Grundbegriffe der hier in Rede stehenden Art klar zu w e r d e n oder dies doch zu versuchen, wozu vor allem gehört, dass man prüft, w a s in diesen Dingen entscheidet, wie weit der Sprachgebrauch Norm ist, und wie weit das Interesse der Wissenschaft, der gegenüber jene Begriffe Mittel des Verständnisses, Bausteine des Wissens sein sollen.

2) Vgl. oben S. 414 ff.

Gerade diese Gleichstellung von volkswirtschaftlichen und sozialen Gesetzen ist zu verwerfen, und der Nachweis der Berechtigung des Ausdrucks »wirtschaftliches Gesetz« vorzugsweise auf den Nachweis eines Unterschiedes zwischen jenen beiden zu stützen.

Ehe das indessen versucht wird, ist hier noch bei einem anderen angeblich wichtigen Unterschiede zwischen Natur- und wirtschaftlichen Gesetzen zu verweilen, der sich auf die Methode der Behandlung bezieht und mit den bisher berührten Gegensätzen in enger Beziehung steht.

2. Die Berechtigung der sogen. historischen Methode [1]).

Dinge, die stetem Wandel unterliegen, sind anscheinend nicht so einfach und jedenfalls nicht mit denselben Mitteln festzustellen wie jene, die allem Wechsel entzogen sind. Und deshalb müssen sich, so sollte man meinen, auch für die Ermittelung wirtschaftlicher Gesetze manche Schwierigkeiten ergeben, von denen Naturgesetzen gegenüber nicht die Rede ist.

Indessen kommen die Anhänger exakter wirtschaftlicher Gesetze über diese Schwierigkeiten leicht hinweg. Um ihr Ziel zu erreichen, »denken« sie sich eben das Erforderliche, d. h. sie »denken« sich dem Wandel entzogene oder wie es z. B. bei *Menger* heisst, solche »einfachste konstitutive Faktoren menschliche Wirtschaft«, die durchaus bestimmt, »streng determiniert« sind [2]). Und danach »übt« dann »die Thatsache der Entwickelung der realen Phänomene keinen Einfluss auf die Art und Weise aus, in der die exakte Forschung das theoretische Problem zu lösen unternimmt.« (S. 115.) Nur die grössere oder geringere Strenge der realistischen, nicht auch der exakten Ergebnisse der theoretischen Forschung wird, so hören wir, durch »die Thatsache des Wandels der Phänomene und ihre interlokalen Divergenzen« beeinflusst. (S. 116.) Und demgemäss soll auch die »Geschichte der

---

1) Hierauf, auf die Frage nach der Gliederung der Wissenschaft und einige schwer zu qualifizierende neuere Angriffe bez. der vom Verfasser im Wesentlichen schon seit 1872 vertretenen Auffassungen von subjektivem und objektivem Wert, die er jetzt sogar den von ihm missachteten Lehren vom Grenzwert, Seltenheitswert u. s. w. entnommen haben soll, geht Verf. an anderem Orte näher ein.

2) Die exakte Forschung führt die realen Erscheinungen auf ihre einfachsten, streng typisch gedachten Elemente zurück ... Die Erscheinungsformen, mit denen sie operiert, sind indessen nicht nur in Rücksicht auf räumliche, sondern auch auf zeitliche Verhältnisse streng typisch gedacht« (S. 115). Vgl. auch oben S. 441.

Volkswirtschaft«, da sie die »konkreten Kulturentwickelungen und Zustände« zu erforschen hat, für die Theorie, welche das generelle Wesen der Dinge zu erfassen sucht, zwar eine Hilfswissenschaft, aber eben nur eine solche sein. Ja es soll ein grosser, zu den verwirrendsten Konsequenzen führender und den Fortgang der Wissenschaft in der verderblichsten Weise beeinträchtigender Irrtum der historischen Schule sein, dass sie Geschichte und Theorie verwechselnd »glaubt an der Theorie der Volkswirtschaft zu bauen«, indem sie »durch Heranziehung der Geschichte, bezw. der Theorie der Volkswirtschaft zum Verständnis konkreter Thatsachen und Entwickelungen der Volkswirtschaft zu gelangen und dieses Verständnis zu vertiefen unternimmt« (S. 19) u. s. w.

Stellt man sich auf den hier vertretenen Standpunkt, wonach durch ein »Denken« jener Art nur sehr unsichere Resultate zu erzielen sind, die sich namentlich nach der Individualität des Denkenden sehr verschieden gestalten müssen und mit exakten Gesetzen nichts gemein haben, so ist einem grossen Teile dieser Vorwürfe der Boden bereits entzogen. Denn bezüglich der von *Menger* sog. empirischen oder realen Gesetze [1]) giebt er ja selber zu, dass sie »in den Fluss der Zeiten gestellt« sind, und dass deshalb Gesetze, die »für bestimmte Stadien« festgestellt worden sind, keineswegs für alle Phasen der Entwickelung ihre Geltung behaupten (S. 107). Diesen Gesetzen gegenüber ist doch also »historisch-realistische« Forschung, sollte man meinen, gerechtfertigt, ja geboten. Und *Menger* selbst giebt das in gewissem Sinne zu, indem er historische Erkenntnis als das Material bezeichnet, auf Grund dessen man Entwickelungsgesetze der Volkswirtschaft festzustellen habe, in jener Geschichte sogar eine höchst wertvolle empirische Grundlage der Theorie erblickt u. s. w. [2]).

Der ganze Streit dreht sich dann also — abgesehen davon, dass das Gewicht historischer Forschung natürlich desto grösser wird, je mehr man den Gedanken an nicht historisch zu erfassende exakte Gesetze aufgegeben hat — allein darum, ob man

---

1) Vgl. oben S. 407, Anm. 1 und unten.
2) Vgl. z. B. S. 29 a. a. O. »Historische Erkenntnisse können ... stets nur das Material sein, auf Grund dessen wir Gesetze der Erscheinungen (z. B. Entwickelungsgesetze der Volkswirtschaft) festzustellen vermögen.« Auch bezüglich der von *Menger* angenommenen »einfachsten« und »streng typisch gedachten« Elemente« lesen wir übrigens S. 41: Sie (die Theorie) sucht die einfachsten Elemente alles Realen zu ergründen .... Sie strebt nach der Feststellung dieser Elemente auf dem Wege einer nur zum Teil empirisch-realistischen Analyse etc.

berechtigt ist, gewisse zum »Ausbau der Theorie« an sich notwendige Forschungen wie die hier in Rede stehenden aus jener auszuschliessen und lediglich »Hilfswissenschaften« derselben zu überweisen.

Dies aber muss durchaus in Abrede gestellt werden.

Die von *Menger* oft wiederholte Behauptung [1]), dass zwischen Geschichte und Theorie feste Grenzen bestehen sollten, dass die eine und die andere »streng zu unterscheidende Wissenschaften« sind, dass »in Rücksicht auf die Aufgaben und Ziele der Forschungen jene strengen Grenzen« zwischen den Wissenschaften bestehen, »welche nicht verwischt werden dürfen, ohne der Verwirrung und dem flachsten Dilettantismus Thür und Thor zu öffnen, dass nur ein »unkundiger Beurteiler« zu schliessen vermöchte, »dass zwischen den einzelnen Wissenschaften überhaupt keine festen Grenzen bestehen« u. s. w., sind nicht frei von Uebertreibungen [2]).

Dass an sich die hier in Rede stehenden Wissenschaften verschiedene Aufgaben zu verfolgen haben, dass in diesem Sinne z. B. nicht jeder Nationalökonom Historiker und nicht jeder Historiker Nationalökonom ist, wird jeder einräumen, dem über Volkswirtschaftslehre und Geschichte etwas bekannt geworden ist. Indessen steht nicht minder fest, dass es zwischen je zwei Wissenschaften vielfach auch G r e n z g e b i e t e giebt, die weder ausschliesslich der einen noch der andern, sondern eben beiden zugleich angehören und mit Erfolg auch von Vertretern beider gepflegt werden.

Theologie und Jurisprudenz z. B. sind sicherlich verschiedene Wissenschaften, und Jurisprudenz und Geschichte, desgleichen Theologie und Geschichte ebenfalls. Wer sich aber als Theologe oder Jurist mit Erfolg z. B. k i r c h e n r e c h t l i c h e n Studien widmet, wird hiebei die Rechtswissenschaft keineswegs nur als Hilfswissenschaft ansehen und ebensowenig die Theologie, sondern wird annehmen dürfen, b e i d e n Wissenschaften zu dienen,

---

1) Vgl. namentlich: Irrtümer des Historismus, 1884, p. 12 ff. Vorsichtiger: Methode der Sozialwissenschaften, p. 5 ff. Doch finden sich auch dort solche Aeusserungen wie z. B. p. 18: Das Verständnis der konkreten Erscheinungen der Volkswirtschaft durch die Theorie . . . »all dies sind vielmehr Aufgaben des H i s t o r i k e r s« (weshalb denn nicht auch des Nationalökonomen, der gerade durch Erweiterung solchen Verständnisses der Theorie dienen, diese fördern kann?!).

2) *Menger* selbst scheint dies übrigens zu fühlen, indem er hie und da wesentliche Einschränkungen eintreten lässt, z. B. S. 24 : — indessen doch in jedem Falle e i n e g a n z b e s t i m m t e G r e n z e (bei *Menger* selbst gesperrt), »wie eine solche zwischen Wissenschaften eben zu bestehen vermag.« Ob aber eine ganz bestimmte Grenze dazu bestehen vermag — das ist ja gerade die Frage.

unmittelbar in b e i d e n zu arbeiten. Desgleichen hören Juristen und Theologen deshalb nicht auf in der Rechtswissenschaft resp. der Theologie thätig zu sein, weil sie sich z. B. der Rechts- oder der Kirchengeschichte widmen. Auch ihnen ist dann die eine oder die andere jener Wissenschaften nicht lediglich Hilfswissenschaft, aber ebensowenig die Geschichte. Nein. Sie sind selber an der Geschichtsforschung thätig, und in der Jurisprudenz resp. der Theologie nicht minder.

Ganz ähnlich steht es auch mit dem Verhältnis von Nationalökonomie und Geschichte. Auf T e i l e der ersteren mag es zutreffen, dass sie nicht geschichtlicher Erforschung bedürfen. Und auf viele Teile der G e s c h i c h t e trifft es sicherlich zu, dass sie nicht nationalökonomischen Charakters sind. Aber daraus darf keineswegs geschlossen werden, dass es nicht daneben noch weite andere Gebiete gäbe, auf denen man beiden Disziplinen zugleich zu dienen vermag [1]).

Ja, in wenigen Beziehungen möchte sich eine engere Verwandtschaft zwischen den hier in Rede stehenden Dingen und den naturwissenschaftlichen als gerade darin zeigen, dass jene wie diese in vielen Teilen eine fortgesetzte V e r e i n i g u n g deduktiver und »konkrete« einzelne Dinge als solche verfolgender i n d u k t i v e r Forschung erheischen.

Wie der Physiker nicht nur den höchsten L o h n seiner Bemühungen darin findet, durch Beobachtungen »konkreter« Dinge bestätigt zu sehen, was er vorher durch Rechnung gewonnen, oder umgekehrt in seinen Rechnungen eine Bekräftigung dessen zu erhalten, was er vorher beobachtet hat, sondern Vergleiche dieser Art auch fort und fort vorzubereiten und durchzuführen hat und Schiffbruch litte, wenn er diese seinen Rechnungen zur Stütze dienenden Beobachtungen »konkreter Dinge« Andern überlassen oder gar nur bezüglichen H i l f s wissenschaften entnehmen wollte — gerade so geht es jenem, der das Studium der Volkswirtschaftslehre sich zur Aufgabe gemacht hat. Es ist nicht nur zulässig sondern vielfach geradezu g e b o t e n , dass man bei Bearbeitung dieser Theorie auch dem Studium der entsprechenden »konkreten« Erscheinungen seine Aufmerksamkeit zuwendet und diese Forschungen a l s N a t i o n a l ö k o n o m selber unternimmt, sie nicht

---

1) Vgl. zu diesen Fragen auch die Schriften *D. Schäfer's* : Das Arbeitsgebiet der Geschichte, 1888, und Geschichte und Kulturgeschichte, eine Erwiderung, 1891 (insbesondere S. 20 ff.).

dieser oder jener »Hilfswissenschaften« oder deren Vertretern überlässt [1]).

Erscheinungen z. B. der Preisbildung, die sich dem Theoretiker deduktiv aus dem Eigennutz ergeben, muss er in Dingen, welche die Geschichte und Statistik der Gross- und Kleinhandelspreise, die Geschichte der Kanal- und Bahntarife, die Geschichte der Beiträge, Gebühren, Steuern u. s. w. an die Hand geben, selber verfolgen, muss, was er auf diesem Wege Neues findet, mit dem durch Deduktion Gefundenen vergleichen, beides in Einklang zu bringen suchen, den Ursachen der Differenzen nachgehen und hieraus für die Theorie Gewinn ziehen. Und ebenso ergeben sich die Grundsätze der Besteuerung z. B. in Fragen der Steuerprogression, der höheren Belastung fundierter Bezüge, niedrigeren Belastung von Haushaltungen mit grosser Familie u. s. w. dem Theoretiker einerseits deduktiv aus jenen Grundsätzen distributiver Gerechtigkeit, deren oben schon mehrfach gedacht ist, andererseits aber auch induktiv aus der Geschichte der Besteuerung. Das eine hat wieder das andere zu ergänzen. Und nur die Vereinigung beider Untersuchungsmethoden, n i c h t ein Zurückgreifen auf Dinge, die uns so oder so von H i l f s wissenschaften geboten würden, sichert den Erfolg [2]).

Mag man es also mit Recht tadeln, dass vor an sich ver-

[1] Dass die Geschichte solchen Anforderungen in vielen Fällen auch gar nicht zu entsprechen v e r m ö c h t e und in Gefahr käme, ihr selber gestellte wichtigere Aufgaben darüber zu vernachlässigen — darüber trefflich *Schäfer* a. a. O.

[2] Man denke an die schon berührte historische Thatsache, dass überbürdete kleine Staaten und Gemeinden die Steuerprogression regelmässig eher bei sich heimisch gemacht haben als wenig belastete grosse, dass in vielen Gemeinden Haushaltungen mit grosser Familie c o n t r a legem niedriger besteuert wurden und werden als andere u. s. w. Wie sehr hat gerade die Beobachtung solcher T h a t s a c h e n beigetragen, »theoretische« Vertiefung zu fördern, und wie sehr hat eben die letztere wieder dazu gedient, das Auge für jene Beobachtung »konkreter Thatsachen« zu schärfen, die dem Geschichtschreiber in vielen Fällen g a r n i c h t zugemutet werden d a r f. Danach ist denn auch unerheblich der hie und da erhobene Einwand, dass wenn »historische« Forschungen dieser Art zugleich t h e o r e t i s c h e sein sollen, ihre Ergebnisse d i r e k t zur B e r e i c h e r u n g der Theorie Verwendung finden müssten. Derartiges ist hier ebensowenig Erfordernis, wie in den Naturwissenschaften. Wer sich z. B. der »mathematischen Physik« widmet, muss um Erfolg zu haben selbst »Experimentalphysiker« sein (obwohl »mathematische« und Experimentalphysik doch verschiedene Disziplinen sind). Und nicht selten wird, was Jener an »Material« gefunden, erst in viel späterer Zeit von ihm oder aber von A n d e r n nutzbar gemacht. Trotzdem ist » m a t h e m a t i s c h e r Physiker«, wer zum Nutzen dieser jenes Beobachtungs m a t e r i a l sammelt. Ja, es ist wohl kaum irgend jemand eingefallen dies in Zweifel zu ziehen.

dienstlicher »realistischer« Forschung »theoretische Vertiefung« lange Zeit allzu sehr vernachlässigt war. Mag man es namentlich bedauern, dass jene Theorie nicht selten unterschätzt, ja als solche geradezu verhöhnt und belächelt worden ist. In alledem wird man *Menger* um so mehr beistimmen, je klarer es zu Tage treten wird, wie sehr solche Oberflächlichkeit jenem S o z i a l i s m u s nützte, dem *Marx*'scher Scharfsinn und *Marx*'sche Sophismen gewissen kritiklos übernommenen »Theorien« jener Realisten und ihrer Schützlinge weit überlegen erscheinen mussten.

Zu jenen weiteren Annahmen aber, dass Geschichte und Wirtschaftstheorie »fundamental verschiedene« Dinge sind, dass die erstere ausschliesslich H i l f s wissenschaft der zweiten ist, dass es ein verderblicher Irrtum der historischen Schule sei, wenn sie »glaubt, an der Theorie der Volkswirtschaft zu bauen . . . . . indem sie durch Hereinziehung der Geschichte, bezw. der Theorie zum Verständnisse konkreter Thatsachen und Entwickelungen der Volkswirtschaft zu gelangen und dieses Verständnis z u v e r t i e f e n unternimmt« -- lag kein Anlass vor. Mit der Art über das Ziel hinausgehenden Angriffen wird — von allen persönlichen Gehässigkeiten abgesehen — mehr geschadet als genützt, da sie die Position des Angegriffenen eher befestigen als schwächen [1].

---

[1] Wären die M e t h o d e n entscheidend, so hätte *Menger* auch in der anderen Annahme Recht, dass Wirtschafts t h e o r i e und Wirtschafts p o l i t i k durchaus zu scheidende Dinge sind. Indessen dem Interesse unserer E r k e n n t n i s scheint es nach jetzigem Stande derselben mehr zu entsprechen, dass man die Lehre z. B. von der T h e o r i e des Preises zugleich mit der Frage behandelt, ob und welche Massnahmen der S t a a t bezüglich der Preisgestaltung zu ergreifen haben möchte, dass man ebenso die Lehre von der T h e o r i e und v o l k s w i r t s c h a f t l i c h e n B e d e u t u n g der Eisenbahnen und Kanäle oder die Lehre von der Theorie und volkswirtschaftlichen Bedeutung des Geldes, der Münzen, Noten u. s. w. mit der Lehre von dem besten Verhalten des S t a a t s allen diesen Dingen gegenüber v e r b i n d e t. Und ganz dasselbe gilt namentlich von Objekten der Finanzwissenschaft, die keineswegs, wie Fanatiker der »Methode« annehmen, b l o s s »Kunstlehre« sein darf, w e i l sie »Kunstlehre« ist. Gerade die g e m e i n s a m e Behandlung jener Objekte auf historisch-statistischem Wege u n d von rechtlichem und politischem Standpunkte aus sichert, wie die Erfahrung bestätigt hat, am besten den Erfolg. Und wenn *Menger*, indem er »zwei Grundrichtungen theoretischer Forschung« von andern Forschungen zu i s o l i e r e n unternimmt, sich dem Glauben hingiebt, dass seine Untersuchungen, wie er selber bemerkt, »in mehr als einer Rücksicht ein helles Licht auf die erkenntnistheoretischen Probleme unserer Wissenschaft werfen« (Methode der Sozialwissenschaft S. 32), so dürfte dies in der hier in Rede stehenden Beziehung ebenso ein I r r t u m sein, wie bezüglich der von ihm versuchten Verteidigung »exakter Gesetze« und »exakter Theorie« neben den überkommenen. Weiteres vorbehalten. Vgl. S. 447, Anm.

3. **Der Gegensatz zwischen volkswirtschaftlichen und anderen sozialen Gesetzen**[1]).

Dass viel von wirtschaftlichen und wenig von andern sozialen Gesetzen gesprochen wird, und dass insbesondere eine Wissenschaft von letzteren nicht erstand, dürfte vorzugsweise zwei Umständen zuzuschreiben sein, die auch auf die nahen Beziehungen zwischen volkswirtschaftlichen und Naturgesetzen einiges Licht werfen: der besonderen Erfassbarkeit wirtschaftlicher Vorgänge und der Macht, die letzteren eigentümlich ist.

Das erstere erklärt sich leicht.

Womit es jene wirtschaftlichen Gesetze zu thun haben, sind vorzugsweise jene sichtbaren Vermögensobjekte, die wir materielle Dinge nennen[2]). Und in diesen walten einerseits jene physischen Gesetze, welche wie z. B. die des Wachstums, Gedeihens und Verderbens der einzelnen Dinge oder die des Wandels der Tages- und Jahreszeiten u. s. w. indirekt beitragen, auch den wirtschaftlichen Gesetzen Halt und Stütze zu geben.

Insbesondere aber bieten gerade jene materiellen Dinge selbst auch einen vorzüglichen Anhalt, um das Walten dieser letzteren Gesetze zu erfassen.

Verfolge ich den Einfluss einzelner Motive auf nicht wirtschaftliche, z. B. politische, ethische oder religiöse Dinge, so kann ich meinen, wähnen, vermuten, kann auch wohl andere zu überzeugen bemüht sein; zu beweisen aber sind weder die bezüglichen Folgen noch ihre Ursachen.

Handelt es sich dagegen um Vorgänge der Produktion oder des Austausches von materiellen Dingen oder auf sie bezüglichen Rechten, so steht direkt Erfassbares vor Augen. Die Ergebnisse sind unmittelbar durch Beobachtung zu ermitteln, und bei geschicktem Vorgehen kann es auch gelingen, die auf sie bezüglichen ursächlichen Zusammenhänge ausser Zweifel zu stellen. Ja, sind die niedrigsten Kulturstufen überwunden, so haben wir namentlich im Gelde und in manchen Geldsurrogaten allgemeine Preis- und Wertsmassstäbe, die uns diese Dinge besonders gut

---

1) Auf die Geschichte des Begriffs eines sozialen Gesetzes gehe ich an anderem Ort ein. Eine Uebersicht bei *R. Eucken:* Geschichte und Kritik der Grundbegriffe der Gegenwart, erste Aufl., 1878 (vgl. namentlich S. 115 ff.), zweite Aufl. 1892. Vgl. auch *Rümelin* a. a. O. (1881) p. 118 ff. und *Gide,* Principes 1889, p. 15.

2) S. 446. »Wirtschaftliche Gesetze« immer im Sinn von volkswirtsch.

und leicht beherrschen lassen. Auch dann bleiben wir natürlich ausser stande, Motive und Folge in ein bestimmtes Zahlenverhältnis zu bringen, da insbesondere ersteren gegenüber numerische Erfassung, wie wir sahen ausgeschlossen ist, und können deshalb auch zu exakten wirtschaftlichen Gesetzen niemals gelangen [1]). Indessen vermögen wir doch jene Folgen an sich in Zahlen zum Ausdruck zu bringen, können bestimmt behaupten, dass z. B. diese oder jene Preise, Löhne, Renten u. s. w. um so oder so viel Prozent gesunken oder gestiegen sind, und schon hiemit ist natürlich viel erreicht, um auch jener Zusammenhänge Herr zu werden.

Dass also viel von wirtschaftlichen Gesetzen und wenig von politischen, ethischen und religiösen oder gar von Gesetzen der Eltern- oder Geschwisterliebe, von Gesetzen freundschaftlichen oder nachbarlichen Verkehrs u. s. w. gesprochen und gelehrt worden ist — erklärt sich schon aus diesem äusserlichen, auf die Erfassung des Objekts bezüglichen Umstande. Und wie schon bemerkt, zeigen eben hierin wirtschaftliche und physische Vorgänge viel Gemeinsames [2]).

Noch viel wichtiger indessen ist jenes Zweite: die Macht, die in günstiger und in ungünstiger, in begehrter und in gefürchteter Weise wirksam — jenen wirtschaftlichen Zusammenhängen eigentümlich ist, an die bei Gebrauch des Ausdrucks: wirtschaftliches Gesetz heute vorzugsweise zu denken ist.

Um das zu zeigen, muss freilich etwas weiter zurückgegriffen werden.

Dass wirtschaftliche Thätigkeiten es vorzugsweise mit dem Erwerb jener Dinge zu thun haben, die wir heute Vermögensobjekte nennen, wurde bereits mehrfach berührt [3]). Selbstverständlich sind diese Dinge nun freilich zu verschiedenen Zeiten verschiedenen Charakters, stützen sich auf mehr oder minder ausgebildete staatliche Satzung, dienen teils dem Bedürfnis, teils der Habsucht, umschliessen teils sichtbare Dinge, teils unsichtbare wie namentlich Rechte — immer aber sind es vorzugsweise materielle und zum Leben notwendige Dinge, auf die sie direkt oder indirekt Bezug haben. Und da diese nicht im Ueberflusse,

---

1) Anders jene Verfechter exakter Gesetze, unter denen wohl *Jevons* obenansteht (vgl. S. 438 u. 443 Anm. h er).
2) Vgl. oben S. 450 ff.
3) Vgl. oben S. 446. Weiteres gegenüber manchen anderen Auffassungen des Begriffs der Wirtschaft in m. Grundlagen der Volkswirtschaft. 1889. S. 11 ff.

sondern »nur beschränkt geboten« resp. nur durch Arbeit zu gewinnen sind, so entsteht jene allgemeine **Abhängigkeit** von wirtschaftlichen Dingen, mit der wir bei dem Verhältnis des Menschen zur »äussern Natur« zu rechnen haben. Und eben um dieser Abhängigkeit willen muss sich, wie berührt, die allgemein menschliche Empfindung des Selbst- oder Eigeninteresses in wirtschaftlichen Dingen regelmässig zum **Eigennutz**, d. h. zu jenem mit den Interessen Anderer **kollidierenden** Interesse gestalten, auf dem die **Macht** jener Gesetze vorzugsweise beruht (S. 436).

Andere »Güter« kann man sich aneignen ohne jemand zu nahe zu treten. Ja was der eine erwirbt, sichert da nicht selten den gleichen Erwerb auch den andern oder erleichtert ihn doch. Denn wer sich z. B. Tugenden wie Festigkeit und Aufrichtigkeit oder Bescheidenheit, Pietät, Vaterlandsliebe zu eigen macht, nimmt diese Dinge sicherlich niemandem fort, trägt aber umgekehrt gerade dadurch, dass er sie sich erwirbt, vielleicht nicht wenig dazu bei, dass sie auch bei andern eine Stätte finden, während **Vermögensteile** dem einzelnen regelmässig desto reichlicher zu teil werden, je mehr andere daran einbüssen.

Dass diese Regel viele Ausnahmen erleidet, wird niemand verkennen. Geht doch in vielen Fällen das wirtschaftliche Selbstinteresse mehrerer Hand in Hand, wobei es dann freilich **gemeinsam** regelmässig wieder in Kollision mit dem Interesse Dritter kommt. In andern Fällen zügelt namentlich im »Kleinverkehr« Pflichtgefühl und Rücksichtnahme auf Herkommen und Sitte, auch wohl Gesetz und Recht den Eigennutz. In wieder anderen werden wirtschaftliche Dinge und wirtschaftliche Thätigkeiten jenem Eigennutze ganz und gar entzogen und zu »öffentlichen«, d. h. Gegenständen des **öffentlichen Interesses** gemacht [1]).

Immerhin bleibt es, sofern nicht eine weitgehende sozialistische Unterbindung privater Erwerbsthätigkeit Platz greifen sollte, namentlich modernem Grossverkehre gegenüber Regel, dass die wirtschaftlichen Vorgänge der Eigennutz beherrscht wie kaum ein anderer Faktor.

Diese Thatsache kann nun zunächst als eine sehr betrübende erscheinen. Denn von nahe liegenden sittlichen Bedenken abgesehen, muss ja schon wegen der natürlichen Ungleichheit der

---

[1]) Vgl. S. 459 u. 465. Ueber diese Vorgänge selbst und den Begriff des öffentlichen Interesses hat sich Verf. verbreitet im Werke Die Steuer und das öffentliche Interesse. 1888.

Kräfte und der Bedürfnisse der Ausgang solchen Kampfes der Interessen in vielen Fällen ein unseren Billigkeitsgefühlen durchaus widersprechender sein. Wer durch Not geschwächt am dringlichsten einer Sache bedarf, kommt nur zu leicht in Gefahr, eben weil er der geschwächte Teil ist, den teuersten Preis zahlen resp. mit dem billigsten Lohne sich begnügen zu müssen. Die niedrigsten Arbeiten werden, wie oft gezeigt, am wenigsten bezahlt, weil sie von jenen geleistet werden, die sich ob ihrer bedrängten Lage schlechte Bezahlung am ehesten gefallen lassen müssen. Und wenn man das früher oft übersah und gerade den aus einem dieser Art »freiem« Kampf sich ergebenden Preis als den natürlichen und gerechten bezeichnete, so mag das ausser in gewissen Lichtseiten freien Mitwerbens insbesondere in dem Umstande seine Entschuldigung finden, dass man jene Freiheit eben nicht kannte, ihre Folgen nicht übersah, und wie es oft geschieht, das am wenigsten Erprobte am höchsten schätzte [1]). In Wahrheit erinnern solche Bezeichnungen aber lebhaft an das seit geraumer Zeit viel weniger gefeierte Wort, dass der Stärkere Recht hat. Und die Resultate jenes Interessenkampfs würden auch frühe schon geradezu unerträgliche geworden sein, wenn nicht manche Schattenseiten durch Gewöhnung und durch die schon berührten anderen Motive: Billigkeitsgefühl, Rücksichtnahme auf Sitte und hergebrachte Preise u. s. w. insbesondere im Kleinverkehr wesentliche Milderung gefunden hätten [2]).

---

1) Vgl. oben S. 424 ff.

2) Der Einfluss jener Gewöhnung und der aus dieser sich ergebenden Vorstellung von der Angemessenheit der bezüglichen Vorgänge lässt sich kaum besser schildern als in *Bellamey's* Worten, der die heutige Gesellschaft mit einer riesenhaften Kutsche vergleicht, vor welche die Massen durch den Hunger gespannt sind. »Die Decksitze waren luftig und angenehm .... und der Mitbewerb um dieselben war sehr hitzig, da jeder es als seine erste Lebensaufgabe betrachtete, einen Sitz auf dem Wagen für sich selbst zu erlangen und ihn seinem Kinde zu hinterlassen .... Wenn man aber fragt: ob nicht ihr Luxus ihnen selber dadurch unerträglich geworden wäre, dass sie ihn mit dem Lose ihrer Brüder und Schwestern verglichen, die an den Wagen gespannt waren« u. s. w., so müsse man zwei Thatsachen erwägen, die diese Abgestumpftheit zum Teil erklären. »Erstens wurde fest und aufrichtig geglaubt, dass es keine andere Weise gäbe, in welcher die Gesellschaft vorwärts komme.« Und sodann bestand bei den auf dem Verdeck des Wagens Befindlichen regelmässig die »sonderbare Einbildung«, dass sie »ihren Brüdern und Schwestern, welche an dem Stricke zogen, nicht genau glichen, sondern aus feinerem Thon wären und gewissermassen zu einer höheren Klasse von Wesen gehörten, welche mit Recht erwarten dürfte, gezogen zu werden. Das sonderbarste bei dieser Einbildung war, dass die-

Verschärft aber sind dieselben in neuerer Zeit durch zwei Umstände: erstens durch das immer weitere Zurücktreten der Bedeutung jenes kleinen Verkehrs vor dem des Individuums weniger achtenden g r o s s e n , und sodann durch die oft beklagte und oft bestrittene, aber dennoch unaufhaltsam fortschreitende Steigerung des Gegensatzes zwischen Arm und Reich.

Schon das E i g e n t u m als solches tendiert in mancher Beziehung dahin, die aus der Verschiedenheit der K r ä f t e sich ergebende Unbilligkeit zu steigern. Denn zu der Ungleichheit dieser »natürlichen Waffen« fügt es in weitem Umfange jene des Rechts, und letztere kann insbesondere augenblicklichem Bedarf gegenüber noch sehr viel schwerer ins Gewicht fallen als jene.

Si les propriétés — so schrieb bereits 1775 *Necker* — étaient égales, chacun travaillerait modérément ... mais dans l'inégalité des fortunes — effet de l'ordre sociale — l'homme né sans autre ressource que sa force .... est obligé de la consacrer au service des propriétaires .... D'où vient la misère et quelle en sera la source éternelle? C'e s t l e p o u v o i r qu'ont les propriétaires de ne donner en échange d'un travail qui leur est agréable q u e l e p l u s p e t i t s a l a i r e possible, c'est à dire celui qui représente le plus étroit nécessaire. Or, ce pouvoir entre les mains des propriétaires est fondé sur leur très-petit nombre en comparaison de celui des hommes sans propriété, sur la grande concurrence de ces derniers et principalement sur la prodigieuse inégalité qu'il y a entre les hommes, qui vendent leur travail pour vivre aujourd'hui, et ceux qui l'achètent pour augmenter simplement leur luxe ou leurs commodités: l e s u n s s o n t p r e s s é s p a r l'i n s t a n t, l e s a u t r e s n e l e s o n t p o i n t : l e s u n s d o n n e r o n t t o u j o u r s l a l o i , l e s a u t r e s s e r o n t t o u j o u r s c o n t r a i n t s d e l a r e c e v o i r [1]).

Dass aber Härten d i e s e r Art (von Heilmitteln wie Gewerkvereinen, Fabrikgesetzgebung u. s. w. natürlich abgesehen) zu s t e i g e n tendieren, je mehr mit der Zunahme der grossen Vermögen [2]) die Macht Weniger und zugleich die Zahl Jener wächst, die bei diesen Arbeit zu suchen genötigt sind, liegt auf der Hand.

---
jenigen, welche soeben erst vom Boden zu einem Sitze a u f g e k l e t t e r t w a r e n , d a v o n e r g r i f f e n wurden .... diejenigen aber, deren Eltern und Grosseltern bereits so glücklich gewesen waren, ihre Sitze auf dem Wagen zu behaupten, waren f e s t ü b e r z e u g t, dass ein wesentlicher Unterschied zwischen ihrer Art des Menschentums und dem gemeinen Artikel bestände. (Looking Backward d. v. *Gizicki*, Kap. I.)

1) *Necker:* Législation et commerce des grains. (I. Kap. XXV). — 2) Vgl. Anhang.

Und dazu tritt nun jenes Zweite, dass mit der dahin schwindenden Bedeutung des Kleinverkehrs nämlich der Eigennutz auf immer grösseren Gebieten zur Herrschaft gelangt.

Gerade in jenem Kleinverkehr herrschen, wie bemerkt, in grossem Umfang noch Motive, die mit dem Selbstinteresse nichts zu thun haben. Wie man auf anderen Gebieten menschlichen Verkehrs regelmässig nicht gerade vorzugsweise eigennützig sondern vorzugsweise gerecht und billig denkend ist, ähnlich auch im wirtschaftlichen. Rücksichten auf Angemessenheit wie auf bisher gezahlte Preise sind da von grösserer Bedeutung als eine die verschiedenen Verkehrsgestaltungen nicht immer ausreichend sondernde Theorie seit der Zeit der Materialisten und Physiokraten vielfach angenommen hat. Anders freilich schon in jenem M a r k t verkehr, auf dem sich persönlich fern Stehende einander gegenüber treten [1]). Aber anders namentlich im modernen G r o s s verkehr.

P e r s ö n l i c h e   B e z i e h u n g e n jener Art, die angemessene oder doch anständige Behandlung erheischen, fehlen dort in nicht seltenen Fällen ganz und gar. Statt mit physischen Personen hat man es sogar vielfach nur mit jenen »juristischen« zu thun, denen gegenüber menschliche Rücksichtnahme fast ganz und gar ausgeschlossen erscheint. Namentlich aber wird dort nicht für den »unmittelbaren Bedarf«, den eigenen Ge- oder Verbrauch, sondern zum Zweck des A b s a t z e s gehandelt. Und so kann es dem Erwerber füglich überlassen bleiben, wird ihm auch regelmässig überlassen und gelingt ihm nicht selten, die ihm zugemutete Last auf andere zu »überwälzen.« Wer schliesslich der Geschädigte ist oder sein wird — weiss niemand. Man fordert hohe, nach »kleinbürgerlicher« Vorstellung geradezu u n v e r s c h ä m t e oder unanständige Preise. Aber ob hiedurch geschädigt wird, wie s e h r geschädigt wird, und w e r den Schaden schliesslich trägt oder tragen wird — ist nicht zu übersehen, kommt gar nicht in Frage! Und dazu noch Eines. Gerade in jenem Grossverkehr ist wie bekannt und leicht erklärlich auch die Konkurrenz eine be-

---

[1]) Hierüber vgl. *Maine:* Village Communities Lect. VI, Early hist. of price p. 175 ff., worauf *Brentano* Bezug nimmt, auch *Brentano* selber (Klass. Nationalökonomie. Vortrag von 1888. S. 20), Letzteren namentlich bezüglich des Fortschreitens des »Handelsgeistes« in England, z. B. in der Landwirtschaft seit dem 18. Jahrhundert. Was *M* von Indien mitteilt, dass sich ein »Unterschied zwischen dem Handel unter den Dorfgenossen und dem mit Fremden« erhalten habe, ist auch in Deutschland durchaus nicht selten und z. B. in Schwaben noch zu finden.

sonders scharfe, da sie, örtlichen Schranken entzogen, jedermann offen steht, und sich Viele und Geldmächtige an ihr beteiligen, die wegen engagierten grossen Kapitals schon in kleinem Prozentsatz viel gewinnen und viel verlieren können. Danach aber sind die Chancen des Gewinns dort mehr als im übrigen unsichere, grosse Verluste nicht selten. Und um die Bilanz nicht zu ungünstig zu gestalten, ist man also gerade dort auch gewissermassen genötigt, wo sich nur ein Gewinn zu bieten scheint, diese Gelegenheit wahrzunehmen, d. h. den Eigennutz walten zu lassen.

Allerdings stehen den Schattenseiten eigennützigen Verkehrs, die hienach mehr als früher Beachtung erheischen, andererseits auch Lichtseiten gegenüber. Und insbesondere diese interessieren hier.

Dabei ist erstens zu beachten, dass jener sog. **eigennützige Verkehr**, wie schon oben berührt wurde, keineswegs vom Eigennutz im **üblichen** Sinne des Worts beherrscht wird. Was vorzugsweise in Frage kommt, ist vielmehr jener dort charakterisierte **geschäftliche** Eigennutz, der, wie schon zu zeigen versucht ist (S. 436), nicht allein aus Selbst- oder Eigeninteresse, sondern auch aus einer Fürsorge für hilfsbedürftige **Andere**: Kinder, Frauen, Mündel, Klienten, Verwandte u. s. w. — kurz aus altruistischen Motiven hervorgeht und nicht selten sogar mit grossen persönlichen Opfern verbunden ist.

Zum zweiten darf nicht ausser Betracht bleiben, dass viele Dinge dem Eigennutz — persönlichen oder geschäftlichen — überhaupt entzogen und als Objekte öffentlichen Interesses ganz und gar anderen Motiven unterstellt sind, und der Umkreis dieser Dinge, wie er in neuester Zeit bereits beträchtlich gewachsen ist, eben wegen jener Gefahren eigennützigen Verkehrs so auch in Zukunft sich noch erheblich vergrössern wird [1]).

In diesen Beschränkungen aber erscheint, wie oft gesagt ist, von ausserordentlichen Fällen abgesehen [2]), eine auf eigennütziger Interessenverfolgung basierte Wirtschaft zu erheblich **besserer allgemeiner Versorgung** zu führen als eine solche, bei der **nicht** jeder zuerst für sich und die Seinen, sondern zuerst für **andere** zu sorgen hätte, daher auch nicht selber die Früchte seines Fleisses geniessen, sondern sich in dieser Beziehung vorzugsweise auf andere verlassen müsste, die seinem Bedarf wahrscheinlich weniger guten Willen und sicherlich weniger gutes Verständnis

---

1) Vgl. oben S. 422 ff. u. 455, und unten S. 465 ff.
2) Ueber erfolgreichen Sozialismus vgl. *Nordhoff*: communistic societies. 1875.

entgegenbringen, als er selber. Und eben diese zu erwartende bessere wirtschaftliche Versorgung muss dann auch der Entwickelung persönlicher F r e i h e i t zu Gute kommen, schon insofern sie dem Einzelnen den »Kampf ums Dasein« erleichtert.

Nötigt uns die Natur, indem sie uns Bedürfnisse, aber nicht auch die entsprechenden Befriedigungsmittel auf den Weg gab, zu stetem Kampfe, so schlägt sie uns hiemit auch in dauernde F e s s e l n. Und diese werden gemildert, geben der Möglichkeit f r e i e r Entwicklung um so grösseren Raum, je leichter uns jene Sorge wird.

Zu alledem tritt nun endlich aber noch eines, was hier besonders interessiert: jene S t e t i g k e i t wirtschaftlicher Entwickelung nämlich, die gerade in der gesicherten Herrschaft des Eigennutzes ihre Befestigung erhält.

Dass im einzelnen heute Mangel an Eigennutz nicht selten grössere Wunden schlägt, als letzterer selbst — dafür sind jedem, wenn nicht aus eigener Erfahrung, so doch aus der Beachtung der ihn umgebenden Dinge Beispiele genug bekannt. Wie vielfach hört man, dass z. B. vor dem Konkurse besonders grosse Geschäfte nicht nur den ihnen nahe stehenden Kreisen sondern weit darüber hinaus argen Schaden dadurch gebracht, dass sie a u f- h ö r t e n, ihr Interesse und das ihrer Gläubiger wahrzunehmen und aus dieser oder jener Rücksicht z. B. Dinge von grossem Wert zu Schleuderpreisen losschlugen. Aehnliches vernimmt man hie und da ja auch von reichen Villenbesitzern, die zum Schaden von Grundeigentümern und Bauspekulanten aus Laune und Willkür ihren Besitz o h n e die vorausgesetzte Wahrung ihres Interesses hingaben u. s. w. !

In der That ist jene S t e t i g k e i t, die sich trotz mancher Schwankungen anderer Art daraus ergiebt, dass man darauf zählen darf: es werde jeder sein, resp. seines Geschäfts Interesse nicht schädigen sondern wahrzunehmen bemüht sein — ein Faktor von nicht zu unterschätzendem Gewicht. Und eben auf dieser Stetigkeit und M a c h t wirtschaftlicher Zusammenhänge beruht zum grossen Teil die Bedeutung wirtschaftlicher G e s e t z e.

Was befähigt, so fragen wir, z. B. heute eine Z e t t e l b a n k, auf längeres Fernbleiben ihrer Noten von der Einlösungsstätte unter übrigens gleichen Umständen (bei gleicher Sicherheit, gleichem Kredit u. s. w.), desto mehr rechnen zu können, je kleiner der Nominalbetrag jener Noten im einzelnen ist? Was setzt sie demgemäss in den Stand, ihr bezügliches Emissionsprivileg mit so und so viel Millionen mehr zu bezahlen, je mehr ihr in demselben gestattet wird, neben den grossen auch mittlere oder kleine Stücke in Umlauf zu setzen? — Offenbar nichts anderes als das Vertrauen, dass im allgemeinen jeder geneigt sein wird, s e i n I n t e r e s s e w a h r z u n e h m e n, und aus diesem Grunde grosse Noten erheblich rascher zur Einlösung bringen wird als jene geringeren Zinsverlust mit sich bringenden kleinen.

Und was verbürgt, um einen eben hiemit in Zusammenhang stehenden Vorgang öffentlichen Interesses zu berühren, was verbürgt grossen Zentralbanken jene S e g e n bringende Macht, die sie in den Stand setzt, »den Geldumlauf eines Landes« und die gesamte Aus- und Einfuhr desselben in gewünschter Weise zu r e g e l n? Was anders, als jenes selbe Vertrauen auf den Eigennutz und seine Macht! — Ihm allein ist es zuzuschreiben, dass wenn eine Bank wie jene von England oder des deutschen Reichs nach i h r e m Ermessen den Diskontosatz für i h r e Geschäfte steigen oder sinken lässt, sie fast mit Sicherheit darauf zählen kann, dass andere Banken ihr hierin folgen werden. Auch letztere sind frei. Aber sie folgen, und man w e i s s, dass sie folgen werden. Man weiss auch, dass wenn so das Geld »verteuert« oder »verbilligt« ist, die Neigung zu Warenkäufen im allgemeinen sinken resp. steigen wird, weiss nicht minder, dass sobald letzteres geschehen, die allgemeinen Warenpreise ebenfalls sinken resp. steigen werden, und weiss namentlich, dass alle diese Vorgänge den Landesimport und -export in jener Weise beeinflussen werden, die man eben für wünschenswert oder geboten hält. Mit jenem einen Federstriche also, der den Diskontosatz e i n e r Bank für i h r e Geschäfte sich ändern lässt, werden wie durch physische Gewalt oder militärische Ordre Hunderttausende in Bewegung gesetzt, Hunderttausende bestimmt, so oder so zu handeln, zu kaufen oder zu verkaufen, zu importieren oder zu exportieren, zu transportieren oder aufzuspeichern u. s. w., und das alles trotz grösster wirtschaftlicher F r e i h e i t, ja im Grunde eben w e g e n solcher, und wegen der durch sie dem Eigennutz gegebenen Gewalt.

Wer sich die H ä r t e n dieser Macht vergegenwärtigen will, der beachte z. B. den nicht seltenen Fall, dass Arbeitgeber genötigt sind, ihnen selber u n g e r e c h t erscheinende Löhne zu zahlen, um überhaupt bestehen zu können. Sie wissen und empfinden, dass unbillig ist, was sie bieten. Aber sie wissen auch, dass sie nicht mehr zahlen können, wenn sie nicht durch die dem Eigennutz und der Konjunktur gegebene Macht samt den Arbeitnehmern in den Abgrund gerissen werden wollen.

Indessen neben solchen Härten ist, ähnlich wie jenen Naturvorgängen gegenüber, auch der Segen zu beachten, den jene Macht, jener Zwang insofern mit sich bringen, als gerade sie die Möglichkeit schaffen, Kommendes vorauszusehen, mit der Zukunft zu rechnen und auf A b h i l f e bedacht zu sein. Und eben diese hienach in zwiefacher Beziehung den Naturvorgängen ähnliche Gewalt ist es, die man im Auge hat, wo von »unbeugsamen Naturgesetzen des Verkehrs« wie z. B. jenem »von Angebot und Nachfrage« die Rede ist. Nicht der Eigennutz allein schafft diese sondern er im V e r e i n mit jenem insbesondere der n e u e r e n Zeit eigentümlichen Z w a n g e wirtschaftlicher Zusammenhänge. —

Alledem ist nun auch in der Definition jener Gesetze Rechnung zu tragen.

Um zuerst an früher Gesagtes anzuknüpfen, so sind diese jenen physischen Gesetzen, die oben als kausale und zwar als kausale a b g e l e i t e t e Gesetze der Succession bezeichnet wurden, darin ähnlich, dass auch sie der Ausdruck für eine Wiederkehr von Erscheinungen sind, deren Ursachen sich in mehr oder weniger bestimmter Weise angeben lassen (vgl. S. 420). Eigentümlich ist jenen wirtschaftlichen Gesetzen aber das Hervorgehen einerseits aus p s y c h i s c h e n Ursachen, andrerseits aus der Macht w i r t s c h a f t l i c h e r Z u s a m m e n h ä n g e. Und so dürften sich dieselben am besten etwa so charakterisieren lassen, dass sie sind

»der Ausdruck für eine infolge der Macht wirtschaftlicher Zusammenhänge aus gewissen Motiven sich ergebende regelmässige Wiederkehr wirtschaftlicher Erscheinungen (Tendenzen oder Vorgänge)« [1]).

---

[1]) Zu jenen Zusammenhängen zählen natürlich auch aus der R e c h t s ordnung sich ergebende. Zum Vergleich sei bemerkt, dass z. B. *Marshall* ist a economic law : the statement that a certain course of action may be expected under certain conditions from the members of an industria. group, (p. 87) .... *Gide* sagt: La loi naturelle est l'expression d'un rapport constant que l'on a constaté entre certains phénomènes, et dans l'ordre économique c'est simplement l'expression de certains rapports constants dans les faits et gestes des hommes (p. 14). Aehnlich wie bei *Marshall* übrigens *Cairnes:* the natural laws of these phenomena are certain constant relations in which they stand toward each other and toward their causes (p. 35. Character and logical method of polit. economy. 2. Ausg. 1888). Eine Uebersicht über andere neuere Auffassungen giebt *M. Block* (Les progrès de la Science Economique. S. 225 ff. T. 1, 1890) mit eigenen Beurteilungen.

Im einzelnen sind die wirtschaftlichen Gesetze hienach zwiefacher Natur, in dem sie sich, wie zu begründen versucht ist, teils auf Vorgänge teils auf Tendenzen beziehen. Doch stehen die Gesetze letzterer Auffassung den andern an Bedeutung der Art voran, dass wo von wirtschaftlichen Gesetzen schlechtweg oder im eigentlichen Sinne die Rede ist, nur an sie gedacht werden darf[1]).

Die andern: die »wirklichen Gesetze« (Gesetze als Ausdruck für eine infolge allgemeiner wirtschaftlicher Zusammenhänge aus gewissen Motiven sich ergebende regelmässige Wiederkehr wirtschaftlicher Vorgänge) kommen z. B. als sog. Gesetze wirklicher Preisgestaltung in der Theorie vom Preise in Betracht, sind aber ausser in der Statistik von jeher weniger beachtet und daher auch oben nur gelegentlich berührt. Sie »empirische Gesetze« zu nennen, liegt nahe, da sie sich direkt der Beobachtung zeigen, dürfte aber insofern weniger zu empfehlen sein, als man von empirischen Gesetzen vorzugsweise im Gegensatze zu kausalen Gesetzen spricht[2]), und hier allein Gesetze letzteren Charakters in Frage stehen, die teils eigentliche, teils »wirkliche« kausale sind[3]).

4. Rückblick.

Rekapitulieren wir nun, um Analoges und Gegensätzliches in Kürze einander gegenüber zu stellen, so zeigen sich Disharmonien zwischen volkswirtschaftlichen Gesetzen und jenen ihnen zur Seite zu stellenden »abgeleiteten« der Naturwissenschaften darin, dass erstens die letzteren dem Einfluss menschlichen Willens entzogen sind, die anderen nicht, und zweitens und drittens infolge dieses Gegensatzes die einen mit der Kultur sich selber stetig wandeln, die anderen nicht, die einen auch vom Machtgebote solcher Kulturträger wie Staat, Gemeinde, Kirche u. s. w. direkt und indirekt getroffen werden können, die anderen nicht. Viertens und insbesondere aber besteht ein Gegensatz darin, dass die einen zum grossen Teile (als sog. wahre Naturgesetze) Mass und Messen gestatten, in diesem Sinne also exakte sind und daher in der That eine gleichmässige Wiederkehr der Erscheinungen zum Ausdruck bringen, während bei den andern nur ent-

---

1) Wonach wirtschaftl. Gesetz i. e. S. also: der Ausdruck für eine infolge der Macht wirtschaftlicher Zusammenhänge aus gewissen Motiven sich ergebende regelmässige Wiederkehr wirtschaftlicher Tendenzen ist. (Vgl. S. 413 ff. und 420 ff.)
2) Vgl. oben S. 407.
3) Dass zwischen diesen »wirklichen« und den »wirklichen« der Naturwissenschaften unterschieden werden muss, ist oben bereits berührt. (Seite 415 Anm. 3.)

weder von regelmässig zu erwartenden Vorgängen oder von regelmässig zu erwartenden Tendenzen die Rede sein kann.

Andererseits zeigen sich A n a l o g i e n erstens in jener Gliederung in zwei Arten von Gesetzen (Tendenzen und »wirkliche« Gesetze), Gliederungen, die zwar keineswegs, wie wir sahen, auf derselben Basis ruhen, aber wie im Namen so auch im Wesen manches gemein haben, zweitens und namentlich aber darin, dass Natur- und wirtschaftliche Gesetze eine W i e d e r k e h r von Erscheinungen zum Ausdruck bringen, die nach gegenwärtigen Kulturverhältnissen (nur von diesen ist hier die Rede) mit so z w i n g e n d e r G e w a l t an uns herantritt, dass sie uns einerseits in unserer Freiheit wesentlich beschränkt, als eine drohende, ja in nicht seltenen Fällen geradezu unheilvolle Gewalt erscheint, andererseits aber auch die Basis der V o r a u s s i c h t und Basis der B e h e r r s c h u n g kommender Ereignisse werden kann. Und eben hienach ist dann beiderlei Gesetzen drittens auch bezüglich der Methode der E r f a s s u n g, insbesondere bezüglich des Erfordernisses steter Verbindung induktiver und deduktiver Forschung vieles gemein, gemeinsam viertens dass der Grad ihrer B e d e u t u n g im einzelnen grosse Verschiedenheiten zeigt, und gemeinsam schliesslich, dass viele und gerade die wichtigsten unter den Natur- wie unter den wirtschaftlichen Gesetzen nur jene T e n d e n z e n zum Ausdruck bringen, die mit d e u t s c h e m Wort nicht anders denn als »Gesetz« bezeichnet werden können, da unserer Sprache kein anderer Ausdruck hiefür zu Gebote steht. Nach alledem dürfte diese Bezeichnung also obwohl nicht ohne Bedenken, doch im Grund g e b o t e n sein.

Freilich könnte nun gerade gegen den letzten Teil dieser Ausführungen eingewandt werden, dass sie einen Widerspruch mit zuvor Bemerktem in sich schliessen. Zuerst, so wird man vielleicht sagen, sei hervorgehoben, dass n e b e n den aus dem Eigennutz abgeleiteten Gesetzen auch solche zu beachten seien, die a n d e r e n Motiven entsprängen, und Gesetze letzterer Art voraussichtlich sogar mehr und mehr in den Vordergrund treten würden. Später aber sei gerade für die neuere Zeit und die Zukunft eine Befestigung jener auf Eigennutz basierten Gesetze angenommen und dies daraus hergeleitet, dass eben l e t z t e r e r Faktor bei zunehmendem Grossverkehr immer mehr zur Herrschaft gelangen müsse.

Ein Widerspruch ist das indessen nicht.

Neben den Gesetzen des Eigennutzes sind bisher hier zweierlei Gesetze berührt. Und sie allein kommen in Betracht, da sie allein es mit jener Macht wirtschaftlicher Zusammenhänge zu thun haben, die Grundlage wirtschaftlicher Gesetze ist.

Die einen, die (wie mit den Worten von *Aristoteles* gesagt ist) aus Empfindungen »e n t g e l t e n d e r« G e r e c h t i g k e i t hervorgehen und a n g e m e s s e n e G e g e n l e i s t u n g nach dem Verhältnis von Wert und Kosten zum Ziele haben, werden zum Teil an Stelle dessen treten, was die klassische Nationalökonomie als die n a t ü r - l i c h e und gerechte Preisgestaltung zu bezeichnen liebte, und zwar voraussichtlich desto mehr, je mehr es erstens öffentlicher Ordnung gelingt auf manchen Gebieten frei waltendem Eigennutz wieder Zügel anzulegen, jemehr Staat und Gemeinde ferner z. B. durch Uebernahme grosser Verkehrsanstalten selbst als Wirtschafter auftreten, und je mehr endlich und namentlich in »geschlossenen Personenkreisen«, Verbänden, Genossenschaften u. s. w. unter V e r e i n i g u n g entgegenstehender Interessen Preisgestaltungen dauernder Art Platz greifen, die fluktuierendem Eigennutz den Boden entziehen.

Indessen in noch höherem Masse dürfte sich auf Kosten des letzteren das Herrschaftsgebiet jener dritten Kategorie von Gesetzen ausdehnen, die auf die Forderungen »a u s t e i l e n d e r« G e - r e c h t i g k e i t begründet, Leistung und Leistungsfähigkeit in Harmonie zu setzen tendieren. Denn mit jener Steigerung der aus dem Eigennutz drohenden Gefahren, die sich, wie wir sahen, aus fortschreitender Verflechtung der wirtschaftlichen Interessen und damit zusammenhängender Verschärfung des Gegensatzes von Gross und Klein, Reich und Arm ergeben muss, wird bei fortschreitender Einsicht und fortschreitendem Einfluss der minder begüterten Klassen immer mehr auch das Bedürfnis zu Tage treten wichtige Kulturmittel der Zeit, die bisher nur nach jenem Verhältnis von Leistung und Gegenleistung oder gar nur zu jenen sog. »natürlichen« d. h. aus dem wirtschaftlichen Uebergewicht der einen über die anderen hervorgehenden Preisen zu erringen waren, zu »öffentlichen« in dem Sinn zu machen, dass statt eben dieser Verhältnisse ebenso wie anderen Objekten ö f f e n t l i c h e n I n - t e r e s s e s gegenüber jene P f l i c h t e n entscheiden, die der Wohlhabende dem minder Begüterten gegenüber insbesondere in Fällen der Bedrängnis zu beachten hat.

Unentgeltlicher Elementarunterricht und unentgeltliche Lehr-

mittel wie unentgeltliche Fortbildungsschulen anderer Art, unentgeltliche Lesesäle und Bibliotheken, unentgeltliche kirchliche Leistungen und unentgeltliche sanitäre Fürsorge, aus Staats- oder Gemeindekassen gewährte Zuschüsse zur Invaliden- und Altersversicherung und unentgeltliches Begräbnis — alles das erscheint ja im Grunde nur als Vorläufer einer in mancher Beziehung **g e f ä h r-
l i c h e n**, aber im Grunde gebotenen und in gewissen Schranken dem **a l l g e m e i n e n** Wohle förderlichen Versorgung der Gesamtheit durch die Gesamtheit nach jenen Grundsätzen »austeilender« Gerechtigkeit [1]).

Indessen selbst bei der Art immer weiterer Beschränkung des dem Eigennutz unterstellten Gebietes wird letzteres an sich ein grosses bleiben. Und auf demselben wird jene **H e r r s c h a f t** des Eigennutzes mit der immer weiteren Verflechtung wirtschaftlicher Interessen und der hieraus hervorgehenden Steigerung der Macht wirtschaftlicher Zusammenhänge sich in gewissem Sinne noch immer mehr befestigen, so dass die **h i e r a u s** sich ergebenden **G e s e t z e** allem Erwarten nach noch lange die Basis bleiben werden, auf die gestützt es wirtschaftlicher Einsicht gelingen kann, die Zukunft zu beherrschen : kommende Dinge vorauszusehen und drohenden Gefahren die Spitze zu bieten. —

Will man aber an Stelle jener den Schriften von *Aristoteles* entlehnten Ausdrücke alter Zeit solche treten lassen, die speziell auf dem hier in Rede stehenden wirtschaftlichem Gebiet den Bedürfnissen der **G e g e n w a r t** entsprechen, und will jene drei Kategorien von Gesetzen zugleich logisch der Art gliedern, dass sich ergiebt, **w e s h a l b** vorzugsweise sie in Frage kommen, so dürfte Folgendes zu beachten sein.

(I) In wirtschaftlichen Dingen muss sich, so sahen wir, das den Menschen im allgemeinen leitende Selbstinteresse regelmässig zu einem mit den Interessen anderer kollidierendem Interesse d. h. zum Eigennutz gestalten, der an sich deshalb in gewissem Sinne zum herrschenden Faktor wird. Eben aus ihm müssen sich deshalb auch, sobald ein gewisser Grad allgemeiner Verflechtung wirtschaftlicher Beziehungen erreicht ist, jene besonders wichtigen Gesetze ergeben, die seit Alters vorzugsweise als wirtschaftliche Gesetze überhaupt bezeichnet sind, die aber an sich besser als

---

1) Weiteres in m. Aufsatze: Gestaltung des Preises. 1890. S. 252 ff. Vgl. übrigens auch z. B. *Paulsen*, Ethik, S. 743 ff.

Gesetze des Eigennutzes auf wirtschaftlichem Gebiete zu bezeichnen sein möchten, und deren Bedeutung mit der Steigerung der Macht jener Zusammenhänge sich selber steigern muss, so dass ihr Einfluss mit jenem »unbeugsamer Naturgesetze« wohl mit Recht verglichen werden konnte. Beispiele sind teils solche auf den P r e i s bezügliche Gesetze, wie jene, dass Steigen der Nachfrage und Sinken des Angebots die Preishöhe zu steigern, dagegen Sinken der Nachfrage und Steigen des Angebots sie zu mindern tendieren, oder dass die Preise der nach Bedarf herzustellenden Dinge nach dem Betrage der geringsten Kosten billigster Produktionsart gravitieren u. s. w., teils aber auch solche n i c h t auf den Preis bezügliche, wie z. B. dass mit zunehmender Bevölkerung die Grundrente zu steigen und der Kapitalzins zu fallen, ebenso die grosse Industrie die kleine zu verdrängen tendiert u. s. w.

(II) Andrerseits ist es Pflicht diesem Eigennutz und den nach der Macht wirtschaftlicher Zusammenhänge aus ihm sich ergebenden Konsequenzen S c h r a n k e n zu setzen. Und d i e s e r mit der Grösse der oben berührten Gefahren, wie leicht erklärlich, immer mehr sich befestigenden Tendenz wird entsprochen t e i l s durch Beschränkung zum Zwecke gerechten I n t e r e s s e n a u s g l e i c h s, also nach den Grundsätzen jener sog. entgeltenden Gerechtigkeit den I n t e r e s s e n Dritter gegenüber, t e i l s durch Beschränkung a n d e r e r Art, d. h. o h n e Rücksicht auf solche Interessenwahrung, aus Empfindungen jener Pflicht, die man insbesondre Bedrängten gegenüber hat.

Und eben daher nun jene z w i e f a c h e n Gesetze neben denen des Eigennutzes.

(1) Auf Empfindungen ersterer Art sind jene » Gesetze g e r e c h t e n I n t e r e s s e n a u s g l e i c h s « zurückzuführen, die wir namentlich bei der Preisgestaltung in geschlossenen Personenkreisen: den B e i t r ä g e n, aber auch in Preis- und Lohn t a x e n (z. B. in den Bestimmungen über Hilfs- und Bergelohn), desgleichen bei den G e b ü h r e n resp. manchen beitragsähnlichen kommunalen S t e u e r n und namentlich in den Gestaltungen der Preise auf den grossen staatlichen Verkehrsanstalten verfolgen können.

(2) Aus jenen Gefühlen der P f l i c h t Andern gegenüber aber entstehen die oben mit den Empfindungen »distributiver Gerechtigkeit« in Beziehung gebrachten Gesetze gerechter I n t e r e s s e n b e s c h r ä n k u n g, die man, da sie vorzugsweise aus Rücksichten öffentlicher Art im eigentlichen Sinne dieses Wortes Platz greifen, auch wohl als »Gesetze ö f f e n t l i c h e r I n t e r e s s e n b e -

schränkung« bezeichnen könnte, und die wir heute vorzugsweise im Staatssteuerwesen Platz greifen sehen, nachdem sie (wie an anderem Orte zu zeigen versucht ist) aus anderen Gebieten z. B. jenem der ärztlichen Gebührentaxen, Zahlungen zur öffentlichen Brandversicherung etc. zum Teil aus wohl berechtigten Gründen mehr und mehr verdrängt worden sind. —

Sollte mit alledem das Richtige getroffen sein, so würde sich aber auch zugleich ergeben, dass es nach **Volk, Stamm, Stand** u. s. w. nicht, wie oft angenommen ist, verschiedene Gesetze sondern nur verschiedene **Grade** der Gesetzesentwickelung und -bedeutung geben kann, abhängig von dem Masse der Entwickelung des Eigennutzes und der ihn beschränkenden Momente.

5. Anhang. Das Wachstum grosser und kleiner Einkommen in Preussen.

Da im Vorstehenden wiederholt darauf Bezug genommen worden ist, dass so oft dies auch bestritten worden sei und so vielfach in der That Schwankungen im einzelnen Platz greifen, dennoch im allgemeinen die besonders grossen Einkommen und Vermögen besonders stark zu wachsen tendieren, so sei an dieser Stelle noch ein kleiner **Beitrag** zum Erweise der Richtigkeit dieser Annahme auf Grund einer in Vorbereitung begriffenen grösseren Arbeit über die Entwickelung preussischer Einkommensverhältnisse seit Anfang der fünfziger Jahre beigefügt.

Wohl für kein grösseres Gebiet lässt sich die Gliederung der Bevölkerung nach Einkommensklassen seit längerer Zeit so gut verfolgen, wie für die sog. alten Provinzen jenes Staats. Zwar walten auch da wie bekannt manche Schwierigkeiten, insbesondere insofern als lange Zeit (bis Ende 1874) die der Einkommenserfassung zu Grunde liegende **Klassensteuer** in einer Reihe grosser Städte, den sog. mahl- und schlachtsteuerpflichtigen Orten nicht erhoben wurde. Indessen war erstens die Zahl dieser Städte keine grosse, namentlich aber umfassten sie nur einen kleinen Teil der Bevölkerung, z. B. in der Zeit, die hier zum Ausgangspunkt genommen werden soll, (c. 1853), im Reg.Bezirke Königsberg nur ca. $^1/_{10}$ der gesamten Bevölkerung (89 403 Köpfe von 889 067) und im Bezirk Gumbinnen sogar weniger als $^1/_{60}$ (12 764 von 642 205). Ja in den vier Bezirken Erfurt, Münster, Minden und Arnsberg (also ganz Westfalen mit eingeschlossen) gab es nichtklassensteuerpflichtige Orte jener Art überhaupt nicht, und im Durchschnitt der Monarchie lebten (von Berlin abgesehen) unter ca. 16½ Millionen Menschen damals nur 1429000, also ca. $^1/_{12}$ in den von der Klassensteuer befreiten Ortschaften. Danach ist also der Fehler, den man begeht, wenn man für die G e s a m t h e i t der Bevölkerung in den einzelnen Provinzen und Bezirken eine e t w a g l e i c h e Einkommensgliederung annimmt, wie sie für die k l a s s e n s t e u e r p f l i c h t i g e Bevölkerung (d. h. im Durchschnitt für $^{11}/_{12}$ der ganzen Bevölkerung) nachweisbar erscheint, kein sehr grosser, und für viele Bezirke verschwindet er sogar ganz oder fast ganz.

Ein anderer Fehler geht aus dem Umstande hervor, dass bis 1874 jene sog. Klassensteuer von einer den E i n k o m m e n als solchen auferlegten Steuer in gewissen Beziehungen differierte. Indessen auch das ergab nicht Fehler von grosser Bedeutung. Und was endlich die bekannten allgemeinen Mängel der E i n s c h ä t z u n g zur Klassen- und zur Einkommensteuer betrifft, so fallen diese hier insofern weniger ins Gewicht, als hier ja vorzugsweise Vergleiche zwischen solchen Einschätzungen gemacht werden sollen, die zu verschiedener Zeit a n e t w a d e n s e l b e n F e h l e r n litten. Denn es ist nicht zuzugeben, dass sich im Laufe der hier in Rede stehenden Zeit (bis 1890) jene Einschätzungen wesentlich vervollkommnet oder wesentlich verschlechtert hätten.

Dies vorausgeschickt, sei nun zuerst bemerkt, dass sich für alle Bezirke das sehr erfreuliche Resultat ergeben hat, dass die Zahl der besonders niedrigen Einkommen stark im R ü c k g a n g e begriffen ist.

Die Zahl jener z. B., die einem Haushalte von weniger als 900 M. jährlichem Einkommen angehörten, betrug in den alten Provinzen (Berlin aus den angedeuteten Gründen immer ausgeschlossen) im Durchschnitt der Jahre 1852—1854: 88,9 % der Bevölkerung
» » » » 1865—1867: 87,8 » » »
» » » » 1876—1878: 80,2 » » »
» » » » 1888—1890: 79,2 » » »

und sank in den einzelnen Provinzen im Laufe der ganzen hier in Rede stehenden Zeit z. B.

in Ostpreussen von 89,5 auf 84,9 %
» Westpreussen » 89,8 » 85,3 »
» Posen » 92,4 » 84,2 »
» Schlesien » 90,3 » 82,3 »

Noch günstiger aber gestalteten sich diese Zahlen natürlich in den mittleren und westlichen Provinzen. Sie sanken z. B.

in Pommern	von	86,5	auf	79,4 %
» Brandenburg (ohne Berlin)	»	86,7	»	75,6 »
Sachsen	»	86,1	»	75,7 »
» Westfalen	»	89,4	»	76,1 »
und in der Rheinprovinz sogar	»	89,3	«	75,4 »

Vorzugsweise scheint bei alledem, wie aus der Verringerung des allgemeinen Geldwerts, aber auch aus dem Steigen der Löhne, insbesondere in den mittleren und westlichen Provinzen leicht zu erklären ist, die Zahl derjenigen gestiegen zu sein, welche über ein Einkommen von etwa 2½—3 M. per Tag gebieten.

Vergleichen wir, nach Massgabe früherer und späterer Steuereinschätzung nemlich z. B. die Zahl jener Haushaltungen, welche 1852/54 über 600—900 M. im Jahre geboten, mit jenen, die 1888/90 nach inzwischen veränderter Steuerskala in dem k l e i n e r e n Rahmen von 660—900 M. eingeschätzt waren, so finden wir im g a n z e n S t a a t alten Gebiets (ausser Berlin) die bezüglichen Zahlen der Art gestiegen, dass die zu jenen Klassen Gehörenden ausmachten:

1852/54: 6,4 %, dagegen 1888: 13,8 %,

und in den e i n z e l n e n Provinzen, z. B.

	1852/54	1888/90
in Schlesien	5,4 %	11,3 %
» Pommern	5,9 »	13,1 »
» Brandenburg	7,5 »	14,2 »
ja in Sachsen	6,5 »	17,5 » (!)
» Westfalen	5,9 »	22,8 » (!)
» Rheinland	6,1 »	16,1 »

Der grösste Umschwung hat sich also im Westen, und, wenn wir genauer prüfen, im westfälischen Reg.Bezirk A r n s b e r g herausgestellt, wo ein Steigen jener Prozentsätze von 5,6 auf 28,8 % Platz griff, wogegen die drei nordöstlichsten Provinzen, wie ebenfalls leicht zu erklären ist, an jenem Umschwung am wenigsten Teil hatten, der Art, dass z. B. in Posen nur eine Steigerung von 7,3 auf 8,4 % Platz griff, und in Westpreussen ein solches von 6,4 auf 8,9 %, während in Ostpreussen anscheinend sogar ein Rückschritt (von 8,2 auf 7,2 %) stattfand.

Aehnlich wie diese Klasse mit 600—900 M. jährlichem Einkommen hat sich aber auch z. B. jene mit 900—1500 M. gehoben.

Die ihr angehörende Bevölkerung betrug nemlich im gesamten
Gebiete der alten Provinzen (Berlin immer ausgenommen):

   1852/54: 6,9 % 1876/78: 13,5 %
   1864/66: 6,8 » 1888/90: 13,3 »

und stieg in diesen etwa vierzig Jahren überhaupt wieder namentlich in den mittleren und westlichen Provinzen, weniger in manchen Gebieten des Ostens, so z. B.

  in Ostpreussen von 8,0 auf 9,8 %
  » Westpreussen » 6,3 9,2 »
  » Posen » 5,5 » 10,8 »
  » Schlesien » 5,8 » 10,9

dagegen viel gleichmässiger im Zentrum und Westen

  in Pommern von 7,5 auf 13 %
  » Brandenburg 9,2 » 15,7 »
  » Sachsen 4,1 » 14,4
  » Westfalen » 6,8 » 15,9 »
  » Rheinland » 6,9 » 13,3 »

Und rechnen wir endlich dieser Klasse mit Einkommen von 900 bis 1500 z. B. noch jene mit Einkommen von 1500—3000 hinzu, so sehen wir, dass auch sie, obwohl in geringerem Masse, doch immerhin erheblich gestiegen ist, so dass die gesamte Klasse von 900—3000 M., die wir etwa als Mittelstand bezeichnen könnten, in der That nicht wie oft befürchtet worden ist, sich verringert, sondern (ähnlich wie in Sachsen, vgl. Zeitschr. des sächs. statist. Bureau, 1891) gleich jener von 600 resp. 660 M. bis 900 M. in erfreulicher Weise prozentuell zugenommen hat. Zu diesem »Mittelstande« gehörten nämlich von der Gesamtbevölkerung nach den hier in Rede stehenden Wahrscheinlichkeitsrechnungen:

   1852/54: 9,9 % der Bevölkerung
   1864/66: 10,7 » » »
   1876/78: 18,5 » » »
   1888/90: 18,4 » » »

Und auch diese Steigerung vollzog sich, was vielleicht am meisten bemerkenswert ist, ganz allgemein in allen Provinzen, am erfreulichsten freilich im Westen. Denn fassen wir der Kürze halber wieder nur die erste und letzte Periode ins Auge, so sehen wir, dass in den zwischen ihnen liegenden ca. 40 Jahren jener Mittelstand stieg

  in Ostpreussen von 9,8 auf 13,8 % der Bevölkerung
  » Westpreussen » 9,3 » 12,9 » » »

in Posen   von 5,8 auf 14,1 % der Bevölkerung
» Schlesien » 8,9 » 15,5 »   »   »
Noch grösser waren die Prozentsätze des Westens. Sie betrugen in jenen beiden Perioden z. B.

in Pommern 12,0 resp. 18,3
» Brandenburg (ohne Berlin) 12,2 » 21,8
» Sachsen 12,4 » 20,8
(R.B. Magdeburg sogar 14,2 » 21,9)
in Westfalen 9,8 » 21,6
» Rheinland 9,3 » 21,8
(R.B. Düsseldorf sogar 9,9 » 22,8)

Vergleichen wir aber, um den Fortschritt besser zu erkennen, nicht die bezüglichen Quoten, sondern — was namentlich den höheren und höchsten Einkommensklassen gegenüber mehr am Platze ist — die Steigerung der bezüglichen absoluten Zahlen, so sehen wir die Klasse der jenem Mittelstande von 900—3000 M. jährlichem Einkommen Angehörenden sich in jenen ca. 40 Jahren steigern in

Rheinland	wie von 100 zu 363,5	Sachsen	wie von 100 zu 228,2
Westfalen	» » » » 334,8	Westpreussen	» » » » 180,9
Posen	» » » » 260,5	Pommern	» » » » 179,9
Brandenburg	» » » » 241,4	Ostpreussen	» » » » 174,4
Schlesien	» » » 228,4		

während im Durchschnitt des ganzen Staats alten Gebiets (ausser Berlin) sich ein bezüglicher Fortschritt im Verhältnis von 100 zu 251,6 vollzog.

Indessen so erfreulich alles das (vom verringerten Geldwert immer abgesehen) an sich ist — das Eine darf dabei nicht unbeachtet bleiben, dass nämlich viel erheblicher noch als diese Zunahme des »Mittelstandes« die Steigerung der Zahl jener war, welche grössere resp. besonders grosse Einkommen hatten.

So stieg im Durchschnitt aller hier in Rede stehenden Provinzen von 1852/54 bis 1888/90 die Zahl jener mit einem Einkommen von 3000— 7200 M. im Verhältnis von 100 zu 395,0
» 7200—12000 » » » » 100 » 405,2
» 12000—36000 » » » » 100 » 432,1
» 36000 u. mehr » » » » 100 » 578,2

Und obwohl sich hiebei, sobald man diese Dinge im einzelnen verfolgt, manche Abweichung zeigt, so ergiebt sich doch für alle östlichen und mittleren Provinzen des preussischen Staats eine fast ausnahmslose Harmonie darin, dass die Zahl der grösseren

Einkommen von 3000—36000 M. sehr viel rascher gewachsen ist, als jener Mittelstand, und noch viel rascher als beide die Zahl der Leute z. B. mit 36 000 M. und mehr per Jahr, die der Kürze halber hier fortan als Millionäre bezeichnet werden sollen.

Fassen wir unter I das Fortschreiten jenes »Mittelstandes« (von 900—3000 M.), unter II das der Zahl der Reichen (von 3000 bis 36 000 M. per Jahr), und unter III jenes der Zahl der »Millionäre« (in jenem Sinn) ins Auge, so sehen wir, dass im Verhältnis zu 100 sich steigerte

	die Klasse I	die Klasse II	die Klasse III
in Ostpreussen	auf 174,4	auf 339,0	auf 518,2
» Westpreussen	» 180,9	» 329,2	» 512,5
Posen	» 260,5	» 312,1	» 261,1
» Schlesien	228,4	» 445,4	» 497,6
Pommern	» 179,9	» 262,5	» 321,2
Brandenburg (ohne Berlin)	» 241,4	» 441,0	» 602,9
» Sachsen	» 228,2	» 434,3	» 943,6

Eine Ausnahme von der Regel besonders starken Wachstums der grossen Einkommen und stärksten Wachstums der grössten machte dort also allein die Provinz P o s e n, aber auch diese nur bezüglich jener »grössten« Einkommen, und selbst das im Grunde nur anscheinend.

Unterscheiden wir nemlich innerhalb dieser Provinz den mehr deutschen Reg.Bez. B r o m b e r g von dem mehr polnischen Bezirke P o s e n, so gestalteten sich die bezüglichen Zahlen für

	die Klasse I	die Klasse II	die Klasse III
im R.B. Bromberg wie 100	zu 224,5	zu 320,2	zu 400,0
» » Posen » 100	» 286,9	» 307,6	» 233,3

Es ist also auch dort nur der besonders industriearme B e z i r k P o s e n, der in der That eine abweichende Entwickelung zeigt. Und diese ist leicht zu erklären. Ein Wachstum der besonders grossen Einkommen wäre hier vorzugsweise auf dem Lande zu finden gewesen. Dort aber konnte es sich nicht zeigen: erstens weil die Lage des Grossbesitzes dort an sich keine gute ist, zweitens und insbesondere, weil ein bedeutender Teil des dortigen Grossbesitzes, wie bekannt, in deutsche Hände übergegangen ist, und die jetzigen deutschen Besitzer teils (z. B. als Standesherrn etc.) steuerfrei, teils doch nicht i n d e r P r o v i n z besteuert sind, da sie ausserhalb derselben wohnen.

Es dürfte also kaum in Abrede zu stellen sein, dass es sich

in jenen grossen Gebieten der östlichen und mittleren preussischen Provinzen (ebenso wie in manchen Gebieten ausserhalb Preussens, worüber Weiteres an anderem Orte) als a l l g e m e i n e Entwickelung gezeigt hat, dass die g r o s s e n und g r ö s s t e n Einkommen v i e l s t ä r k e r z u n e h m e n, als die mittleren und kleinen, und hiedurch der Gegensatz zwischen Arm und Reich s t e i g t.

Etwas anders haben sich diese Dinge nun aber in dem w e s t l i c h s t e n Gebiete der preussischen Monarchie gestaltet.

Zwar die Rheinlande zeigten noch eine anscheinend ähnliche Entwickelung wie der Osten.

Denn von je 100 stieg im Zeitraume von 1852/54 bis 1888/90

I. die Zahl der jenem Mittelstande (von 900—3000 M.) Angehörigen auf 363,5, dagegen

II. die Zahl den Censiten von 3000—36000 auf 404,7 und endlich

III. die Zahl jener sog. Millionäre (von über 36 000 M.) auf 746,0. Ja dieser Gang der Entwickelung zeigt sich dort so allgemein, dass er sogar in a l l e n Regierungsbezirken sich wiederholt. Es hob sich nämlich

				die Klasse I	die Klasse II	die Klasse III
im R.B.	Koblenz	wie 100 zu	289,3	zu 315,1	zu 387,5
»	» Düsseldorf	» » »	448,1	» 458,5	» 641,0 (!)
»	» Köln	» » »	455,6	» 465,0	» 984,6 (!)
»	» Trier	» » »	266,1	» 323,5	» 350,0
»	» Aachen	»	» 281,4	» 297,8	» 1400,0 (!)

Indessen schon da fällt namentlich in den reichsten Bezirken Köln und Düsseldorf auf, dass der Mittelstand (von 900—3000 M.) hinter den Wohlhabenderen (von 3—36000 M.) in der Entwickelung w e n i g zurückgeblieben ist. Die ganz b e s o n d e r s grossen Einkommen haben freilich auch dort, ja, wie man sagen darf, g e r a d e d o r t, in den Bezirken K ö l n, D ü s s e l d o r f, Aachen, die anderen sehr weit überflügelt. Aber von den weniger grossen Einkommen (unter 36 000 M.) ist das durchaus nicht zu sagen. Und z. B. im Reg.-Bezirk K ö l n findet man, wenn man kleinere Einkommensklassen macht und absieht von jener Steigerung der Zahl der »Millionäre« (100:984,6), die zum Teil durch Zuzug aus dem Osten, insbesondere dem Reg.Bezirk Arnsberg beeinflusst sein möchte, k e i n e Einkommensklasse so gestiegen, als jene etwa dem »unteren Mittelstande« zuzuzählende von 1500—2400 M.

Einkünfte. Ihre Grösse wuchs von 1852/54 bis 1888/90 wie von 100 zu 531,0, dagegen z. B. die Zahl jener mit Einkünften

		bis	900 M.	von 100 zu	125,0
von	900	»	1 500	» von » »	446,6
»	2 400	»	3 000	» von » »	368,7
	3 000	»	7 200	von »	310,9
»	7 200		12 000	von » »	351,6
»	12 000	»	36 000	von » »	465,7

Und in Westfalen ist sogar die Klasse der r e i c h s t e n Leute (Klasse III mit Einkommen von über 36 000 M.) keineswegs besonders rasch gestiegen, sondern im Wachstum h i n t e r der Zahl der Wohlhabenden (Klasse II mit 3000—36 000 M.) ganz erheblich zurückgeblieben, ja in zwei Bezirken, jenen von Minden und Münster, sogar vom Mittelstande (Klasse I mit 900 3000 M.) ü b e r f l ü g e l t oder doch etwa erreicht. Von je 100 stiegen nämlich die bezüglichen absoluten Zahlen im

	in Klasse I	in Klasse II	in Klasse III
R.B. Münster	auf 228,7	auf 482,1	auf 233,3
» Minden	277,4	372,2	» 257,1 (!)
« Arnsberg	500,8	» 633,5	» 561,5
in ganz Westfalen	334,8	» 512,6	360,0 (!)

Auch ist zu beachten, dass gerade in Westfalen, zum Teil infolge von Krisen, die Zahl der besonders reichen Leute, z. B. jener, die über ein Einkommen von 36 000 M. und mehr geboten, stark geschwankt hat. Die Zahl letzterer betrug z. B.

			im R.B. Arnsberg	in Westfalen
im Durchschnitt von	1852/54:	13	35
» » »	1864/66:	27	59
» Jahre	1873:	74	112
	1876/78:	49	90
» Jahre	1883:	49	94
» » »	1888/90:	73	126

Somit s c h e i n e n die Vorgänge in den westlichen Provinzen darauf zu deuten, dass obwohl im allgemeinen die sehr grossen Einkommen besonders stark wachsen, dieser Bewegung doch bei entwickeltem Wohlstand andere Erscheinungen zur Seite gehen, die auf Tendenzen entgegengesetzter Art schliessen lassen. Und das würde, wie oben schon bemerkt ist, auch mit manchen für andere Länder gewonnenen Ergebnissen in Harmonie stehen.